ERI 독해가 문해력이다

1단계

기본

초등 1~2학년 권장

| 교 재 내 용 문 의 | 교재 내용 문의는 EBS 초등사이트 (primary.ebs.co.kr)의 교재 Q&A 서비스를 활용하시기 바랍니다. | 교 재 정 오 표 공 지 | 발행 이후 발견된 정오 사항을 EBS 초등사이트 정오표 코너에서 알려 드립니다. 교재 검색 → 교재 선택 → 정오표 | 교 재 정 정 신 청 | 공지된 정오 내용 외에 발견된 정오 사항이 있다면 EBS 초등사이트를 통해 알려 주세요. 교재 검색 → 교재 선택 → 교재 Q&A |

당신의 문해력

평생을 살아가는 힘,
문해력을 키워 주세요!

문해력을 가장 잘 아는 EBS가 만든 문해력 시리즈

예비 초등 ~ 중학

문해력을 이루는 핵심 분야별 / 학습 단계별 교재

어휘 　 쓰기 　 ERI 독해 　 배경지식 　 디지털독해

우리 아이의 **문해력 수준은?**

더욱 효과적인 문해력 학습을 위한
EBS 문해력 진단 테스트

https://primary.ebs.co.kr/course/literacy

간단하게 문해력 수준을 확인하고
권장 단계에 맞추어 체계적 학습을 시작하세요!

문해력 진단 테스트

테스트 결과에 따라 문해력 수준과 추천 단계 지수를 알려 드려요!

초등 3학년 　 초등 4학년 　 초등 5학년 　 초등 6학년 　 중학 1학년

등급으로 확인하는
문해력 수준

문해력
등급 평가

초1 - 중1

NEW

내 문해력은 상위 몇 %일까?
문해력
등급 평가

등급으로 확인하는 진짜 문해력 수준

초등

ERI 독해가
문해력
이!다

1단계

기본

초등 1 ~ 2학년 권장

교과서를 읽지 못하는 우리 아이?
평생을 살아가는 힘, '문해력'을 키워 주세요!

'ERI 독해가 문해력이다'
독해 학습으로 문해력 키우기

1 학습 수준에 따라 체계적인 독해 학습이 가능합니다.

단순히 많은 글을 읽고 문제를 푸는 것만으로는 문해력이 늘지 않습니다.
쉬운 글부터 어려운 글까지 글의 난이도에 따라 체계적인 단계 학습이 가능하도록 구성하였습니다.

2 특허받은 독해 능력 수치 산출 프로그램(특허 번호 제10-2309633)을 통해 과학적으로 구성하였습니다.

EBS가 전국 문해력 전문가, 이화여대 산학협력단과 공동 개발한 ERI(EBS Reading Index) 지수에
따라 과학적인 독해 학습이 가능합니다.

3 다양한 교과의 핵심 개념과 소재를 반영한 학년별 2권×4주 학습으로 풍부한 독해 훈련이 가능합니다.

독해의 3대 요소인 '낱말', '문장', '배경지식'의 수준을 고려하여 기본, 심화 단계로 구성하였습니다.
인문 · 문학, 사회 · 역사, 과학 · 자연, 예술 · 문화 영역의 핵심 개념과 소재를 다룬 다양한 글을 골
고루 수록하였습니다.

4 기본 어휘와 관련된 우리말, 외래어, 속담, 관용 표현을 통해 어휘력의 깊이와 넓이를 동시에 키워 줍니다.

독해 능력의 40% 이상을 차지하는 어휘력은 독해 학습에 필수적입니다.
다양한 어휘 관련 문제로 어휘 학습까지 놓치지 않도록 하였습니다.
부록으로 4회분 받아쓰기를 수록하였습니다.

5 'QR 코드를 활용한 입체 학습'과 'STEAM 독해'로 문해력을 UP!

QR 코드를 활용해 지문을 듣고, 읽고, 삽화를 보면서 다각적으로 글을 이해하는 입체적 학습으로
문해력의 기본 능력을 확실히 다질 수 있도록 하였습니다. 또한 지문 하나로 여러 과목을 동시에
학습하는 'STEAM 독해'를 통한 융합 사고력을 키우고, 문해력과 함께 문제 해결 능력을 쭈욱 올릴
수 있도록 하였습니다.

ERI 지수가 무엇인가요?

ERI(EBS Reading Index) 지수는

아이들이 읽는 글의 난이도를 단어, 문장, 배경지식에 따라 등급화하여 정량화하고, 독해 전문가들이 정성평가를 통해 최종 보정한 수치로서 EBS가 전국 문해력 전문가, 이화여대 산학협력단과 공동 개발하였습니다.

ERI 지수는 어떻게 산정되나요?

각 학년마다 꼭 알아야 하는 읽기 방법, 교과의 핵심 개념과 학습 요소들을 중심으로 체계적으로 지문을 구성합니다.
구성된 지문의 단어 수준과 문장의 복잡도, 배경지식이 학년 수준에 적합한지 여부를 계산합니다. 전문가들이 최종 정성평가와 보정을 거쳐 최종 지수와 적정 학년 수준과 단계가 산정됩니다.

ERI 지수 범위와 학습 단계

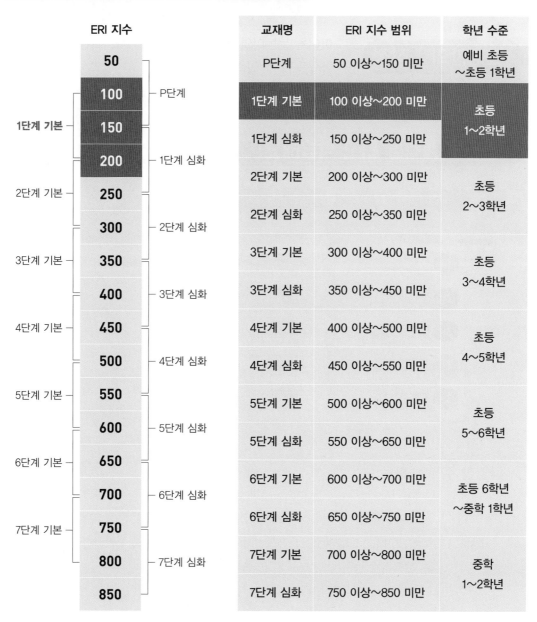

교재명	ERI 지수 범위	학년 수준
P단계	50 이상~150 미만	예비 초등 ~초등 1학년
1단계 기본	100 이상~200 미만	초등 1~2학년
1단계 심화	150 이상~250 미만	초등 1~2학년
2단계 기본	200 이상~300 미만	초등 2~3학년
2단계 심화	250 이상~350 미만	초등 2~3학년
3단계 기본	300 이상~400 미만	초등 3~4학년
3단계 심화	350 이상~450 미만	초등 3~4학년
4단계 기본	400 이상~500 미만	초등 4~5학년
4단계 심화	450 이상~550 미만	초등 4~5학년
5단계 기본	500 이상~600 미만	초등 5~6학년
5단계 심화	550 이상~650 미만	초등 5~6학년
6단계 기본	600 이상~700 미만	초등 6학년 ~중학 1학년
6단계 심화	650 이상~750 미만	초등 6학년 ~중학 1학년
7단계 기본	700 이상~800 미만	중학 1~2학년
7단계 심화	750 이상~850 미만	중학 1~2학년

이 책의 구성과 특징

문해력, 문해력, 문해력을 강조합니다.

무엇이 문해력이라고 생각하나요?

문해력은 글을 단순히 읽고 쓸 줄 아닌 것이 아니라
현대 사회에서 일상생활을 해 나가는 데 필요한 글을 읽고
이해하는 최소한의 능력을 말합니다.
따라서 글을 읽고 이해하여 사람들과 소통하고 문제를
해결하는 데 활용할 수 있도록 하는 것입니다.

어떻게 해야 문해력을 높일 수 있을까요?

자기 단계에 맞는 글을 선택해서
듣고, 읽고, 보고, 이해한 후 다양한 방법으로 생각하여
문제를 해결하고, 새로운 창의적 사고를 하는 훈련을
꾸준히 하는 것이 좋습니다.

EBS만의 장점
아이들 눈높이와 학령 수준에 맞춘 차별화된 교재와 강의로 입체
학습을 할 수 있습니다.

스스로 계획을 짜고 학습해요!

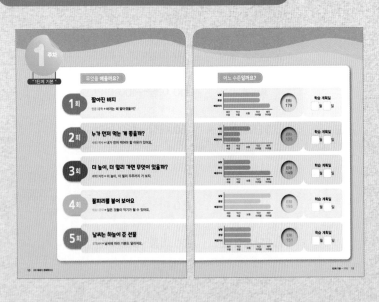

다양한 주제의 지문

인문 · 문학, 사회 · 역사, 과학 · 자연, 예술 · 문화, STEAM 융합 지문을 골고루 실었습니다.

계획적인 학습 스스로 학습 계획을 짜서 스스로의 힘으로 공부하는 훈련을 할 수 있도록 하였습니다.

융합 사고 훈련 STEAM 융합 지문으로 과학 · 기술 · 예술 · 수학 영역을 결합한 종합적 사고로 문제를
해결하는 능력을 키우도록 하였습니다.

ERI 지수 분석 지문의 단어, 문장, 배경지식 각각의 수준이 대상 학령, 학년 수준 내에서 어느 정도인지
한눈에 알아볼 수 있도록 하였습니다.

지문 이해를 위한 점층적 유도 학습

1 이런 이야기를 할 거야! **›** **2** 이걸 알면 도움이 되지! **›** **3** 글을 읽어 볼까!

한 컷의 그림 이야기를 통해 흥미를 불러일으켜 지문의 주제에 자연스럽게 접근할 수 있도록 하였습니다.

재미있는 만화와 짧은 글로 배경지식을 실어 주어 지문 이해에 도움이 되도록 하였습니다.

QR 코드로 글을 잘 듣고 따라 읽어 봅니다.
큰소리로 읽는 소리 학습을 한 후 스티커를 붙이게 하여 학습 성취감을 높이도록 하였습니다.

그림, 개념별, 속담 등을 통한 어휘 학습

그림으로 배우는 기본 어휘

그림과 예문을 통해 어휘 학습을 하고 따라 써 볼 수 있도록 하였습니다.
반대말, 비슷한 말, 관련 어휘에 대한 설명으로 어휘력이 풍부해지도록 하였습니다.

어휘 활용을 해 보는 다양한 코너

잘못 쓰기 쉬운 말, 헷갈리는 말, 높임말, 동음이의어, 어휘 살찌우기 코너를 통해 어휘력을 살찌우는 다양한 학습을 하고 써 볼 수 있도록 하였습니다.

재미있는 속담, 우리말, 한자 익히기

재미있는 이야기와 그림으로 속담을 익히고, 관용적으로 쓰이는 순우리말, 한자어를 익히고 써 볼 수 있도록 하였습니다.

문해력을 높여 주는 기본 문제부터
다양한 활동의 문제 유형 제시

글의 내용 이해하기

전체적인 글의 내용을 이해하고 있는지를
확인하는 문제입니다.

세부 내용 이해하기

중요한 개념이나 사건 등을 세부적으로
이해하고 있는지를 확인하는 문제입니다.

낱말 뜻 이해하기

정확한 낱말 뜻을 알고, 지문 속 내용이나
생활 속 낱말 활용에 적용할 수 있는지를
확인하는 문제입니다.

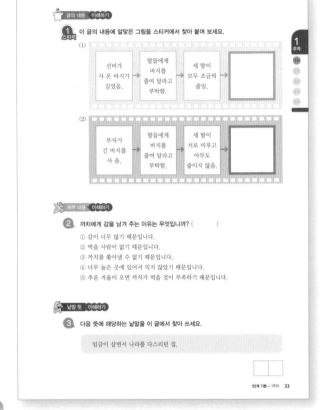

특화 코너

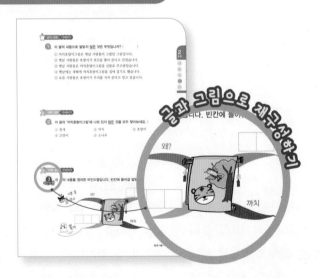

글을 읽고 마인드맵으로 전체 내용을 간단한 글과 그림
으로 재구성해 보는 문제를 통해, 지문 내용을 정리하
여 이해하는 방법을 훈련할 수 있도록 하였습니다.

학습 내용을 이해하고 주어진 상황에서의 해결법을 자
유로이 제시하도록 하여 문제 해결 능력을 키우도록 하
였습니다.

글의 내용 적용하기

4 ⓒ과 같이 말한 까닭은 무엇일지 빈칸에 공통으로 들어갈 알맞은 말을 쓰세요.

15초가 지나면 □□이/가 가라앉기 시작합니다. 따라서 □□을/를 내고 후회할 만한 행동은 하지 않게 될 것입니다.

배경지식 활용하여 추론하기

5 다음에서 설명하는 동물 춤은 어떤 동물을 흉내 낸 것입니까? (   )

동물 모양의 큰 탈을 쓰고 춤을 춥니다. 머리 쪽에 한 사람, 뒤쪽에 한 사람이 들어가 동물을 흉내 내며 춤을 춥니다. 몸을 흔들기도 하고, 높이 솟기도 합니다. 그리고 꼬리를 흔들며 몸을 굵거나 뒹굴기도 합니다.

① 토끼   ② 사자   ③ 코끼리   ④ 원숭이   ⑤ 개구리

내용 이해하고 활동하기

6 그림 속에서 비 오는 날 필요한 물건을 찾아 ○표 하고, 낱말을 따라 써 보세요.

우	산
장	화
비	옷

글의 내용 적용하기

글 전체의 내용을 바르게 이해하고 생활 속 문제에 적용할 수 있는지를 확인하는 문제입니다.

배경지식을 활용하여 추론하기

주어진 배경지식과 연계하여 이를 바탕으로 새로운 지식을 추론해 낼 수 있는지를 확인하는 문제입니다.

내용 이해하고 활동하기

글의 내용을 이해하고 쓰기, 스티커 붙이기 등으로 창의 활동에 적용해 볼 수 있는지를 확인하는 문제입니다.

나만의 스타일로 꾸미기

스티커로 완성하기

해당 지문의 주제와 관련 있는 다양한 활동의 문제를 제시하였습니다.
민화를 직접 자기만의 스타일로 그려 보기, 문제에 맞는 스티커 찾아 붙이기 등 다양한 활동을 통한 학습으로 학습 효과는 물론 재미를 더할 수 있게 하였습니다.

1단계 기본 차례

무엇을 배울까요?

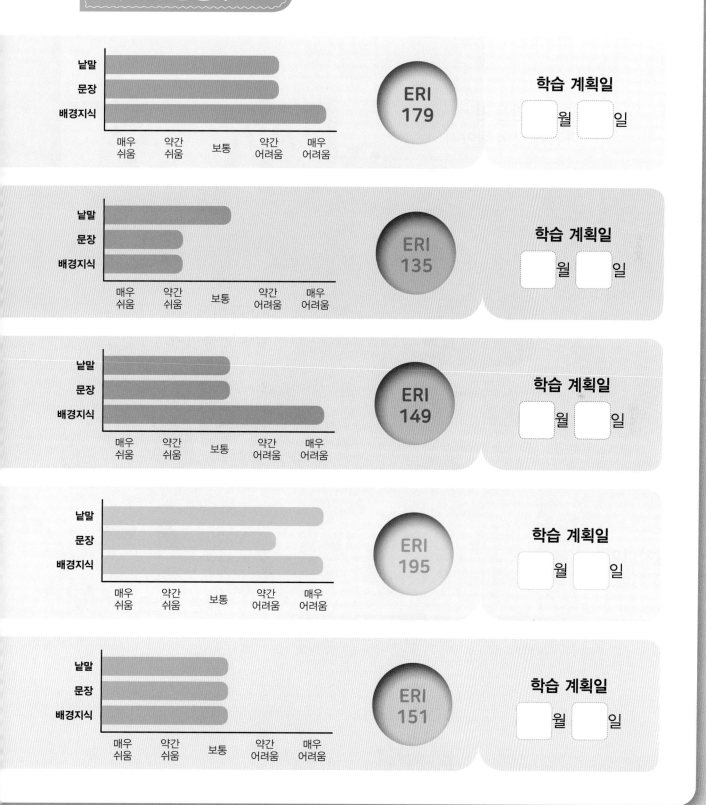

바지는 왜 짧아졌을까?

짧아진 바지

그림으로 배우는 어휘

흐리게 쓴 글자는 따라 쓰세요.

바지

바 지　바 지　바 지

두 다리를 따로 넣게 갈라져 있는 옷.

예 치마 대신 바지를 입어요.

짧은 바지를
반바지라고 해.

새벽

새 벽　새 벽　새 벽

날이 밝을 무렵.

예 새벽을 알리는 닭 울음소리가 들렸다.

새벽이 될 무렵이
바로 새벽녘이야.

바느질

바 느 질　바 느 질

바늘구멍에 실을 넣어 옷을 짓거나
꿰매는 일.

예 어머니는 바느질 솜씨가 좋으시다.

바늘, 실 따위의 바느질
도구를 담는 그릇을
반짇고리라고 해.

? 알고 있니?　엄마는 바느질을 잘해요

새로 산 바지야.
입어 보자.

엄마,
너무 길어요.

바지 길이를
좀 줄이자.

어떻게요?

길이를 조금 자르고.

바늘과 실로 꿰매면 된단다.

이번에는 어때?

딱 맞아요.
엄마 대단해요!

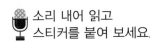

소리 내어 읽고
스티커를 붙여 보세요.

잘 듣고 따라
읽어 보세요.

짧아진 바지

옛날 어느 마을에 선비*와 부자가 살았어요.

선비와 부자에게는 딸이 셋씩 있었지요.

어느 날, 선비가 바지를 하나 샀는데 입어 보니 너무 길었어요.

그래서 딸들에게 줄여 달라고 부탁했지요.

다음 날 아침, 선비는 바지가 너무 짧아져 있어 깜짝 놀랐어요.

"아니, 이게 어떻게 된 일이냐?"

"이상하네. 어젯밤에 조금만 줄였는데…….."

"에구머니! 언니가 줄인 줄도 모르고 내가 새벽에 또 줄였네."

그 말에 셋째 딸이 울먹이며 말했어요.

"아침에 내가 또 줄였어."

㉠선비는 허허 웃고 말았지요.

그 일로 마을엔 ㉡선비의 딸들이 효심이 깊다는 말이 퍼졌어요.

샘이 난 부자는 긴 바지 하나를 사서 딸들에게 줄여 달라고 부탁했지요.

다음 날, 부자는 바지가 짧아져 있을 거라고 생각하며 바지를 입어 보았어요.

하지만 바지는 그대로였지요.

"당연히 동생들이 할 줄 알고…….."

"이런 건 막내가 해야지."

"난 바느질도 못 하잖아."

서로 미루는 딸들을 보며 부자는
한숨만 쉬었답니다.

*선비: 돈벌이나 벼슬보다 공부에 열중하던 사람.

글의 내용 **이해하기**

1
스티커 이 글의 내용에 알맞은 그림을 스티커에서 찾아 붙여 보세요.

(1)
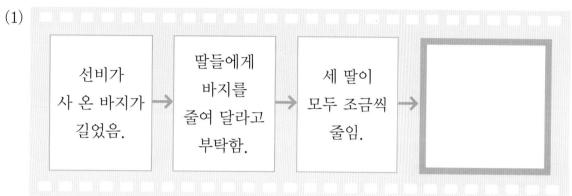

선비가 사 온 바지가 길었음. → 딸들에게 바지를 줄여 달라고 부탁함. → 세 딸이 모두 조금씩 줄임. →

(2)
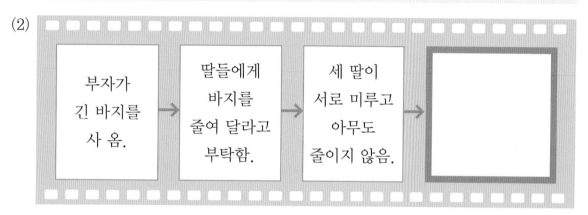

부자가 긴 바지를 사 옴. → 딸들에게 바지를 줄여 달라고 부탁함. → 세 딸이 서로 미루고 아무도 줄이지 않음. →

 글의 내용 **이해하기**

2 다음 중 가장 먼저 일어난 일은 무엇입니까? (   )

① 선비의 세 딸이 모두 바지를 줄였습니다.
② 선비가 딸들에게 바지를 줄여 달라고 부탁했습니다.
③ 부자가 딸들에게 바지를 줄여 달라고 부탁했습니다.
④ 선비네 딸들이 효심이 깊다는 소문이 마을에 퍼졌습니다.
⑤ 부자의 딸들이 서로 미루고 아무도 바지를 줄이지 않았습니다.

세부 내용 **이해하기**

3 ㉠에서 짐작할 수 있는 선비의 마음으로 알맞은 것에 ○표 하세요.

(1) 바지가 짧아져서 속상한 마음   (   )
(2) 아버지를 귀찮아하는 딸들 때문에 슬픈 마음   (   )
(3) 아버지에 대한 딸들의 효심이 깊어서 흐뭇한 마음   (   )

4 ㉡과 같은 말이 마을에 퍼진 까닭은 무엇일지 빈칸에 들어갈 알맞은 말을 쓰세요.

> 세 딸이 모두 바지를 줄였다는 것은 세 딸 모두 ☐☐☐을/를 위하는 마음을 가지고 있다는 것이기 때문입니다.

글의 내용 적용하기

5 다음 중 선비의 딸들과 비슷한 행동을 한 친구는 누구입니까? (   )

① 동우: 아버지한테 화를 냈습니다.
② 연주: 아버지 심부름을 동생에게 미뤘습니다.
③ 자경: 아버지와 한 약속을 지키지 않았습니다.
④ 채희: 아버지가 하신 질문에 귀찮아서 대답하지 않았습니다.
⑤ 민석: 아버지가 좋아하시는 음식을 멀리까지 가서 사 왔습니다.

내용 이해하고 활동하기

6 아버지의 바지를 길이에 맞게 줄이려면 어떻게 하면 좋을지 써 보세요.

반대말

반대말을 잘 보고 따라 써 봅니다.

바지가 | 짧 | 다 ↔ 바지가 | 길 | 다

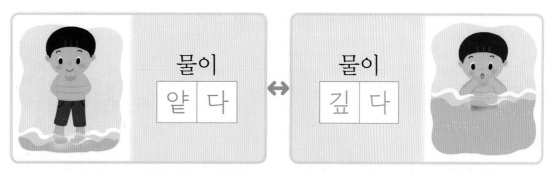

물이 | 얕 | 다 ↔ 물이 | 깊 | 다

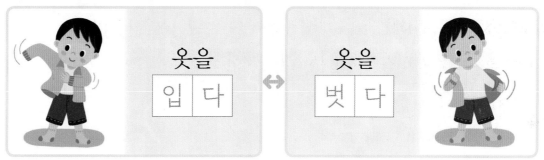

옷을 | 입 | 다 ↔ 옷을 | 벗 | 다

재미있는 속담 익히기

바늘 가는 데 실 간다

바느질을 할 때 바늘과 실은 떼려야 뗄 수 없는 사이지요? 바늘과 실 중 어느 것 하나라도 없으면 바느질을 할 수가 없어요. 그래서 '바늘 가는 데 실 간다'라는 말은 아주 가까운 사람끼리 항상 붙어 다니는 모습을 나타내는 속담이에요.

우리는 항상 같이 다녀.

속담을 따라 써 봅니다.

| 바 | 늘 | | 가 | 는 | | 데 | | 실 | | 간 | 다 |

1주차 2회

사회 | 역사

내가 먼저 먹어야 할 이유가 있어요.

누가 먼저 먹는 게 좋을까?

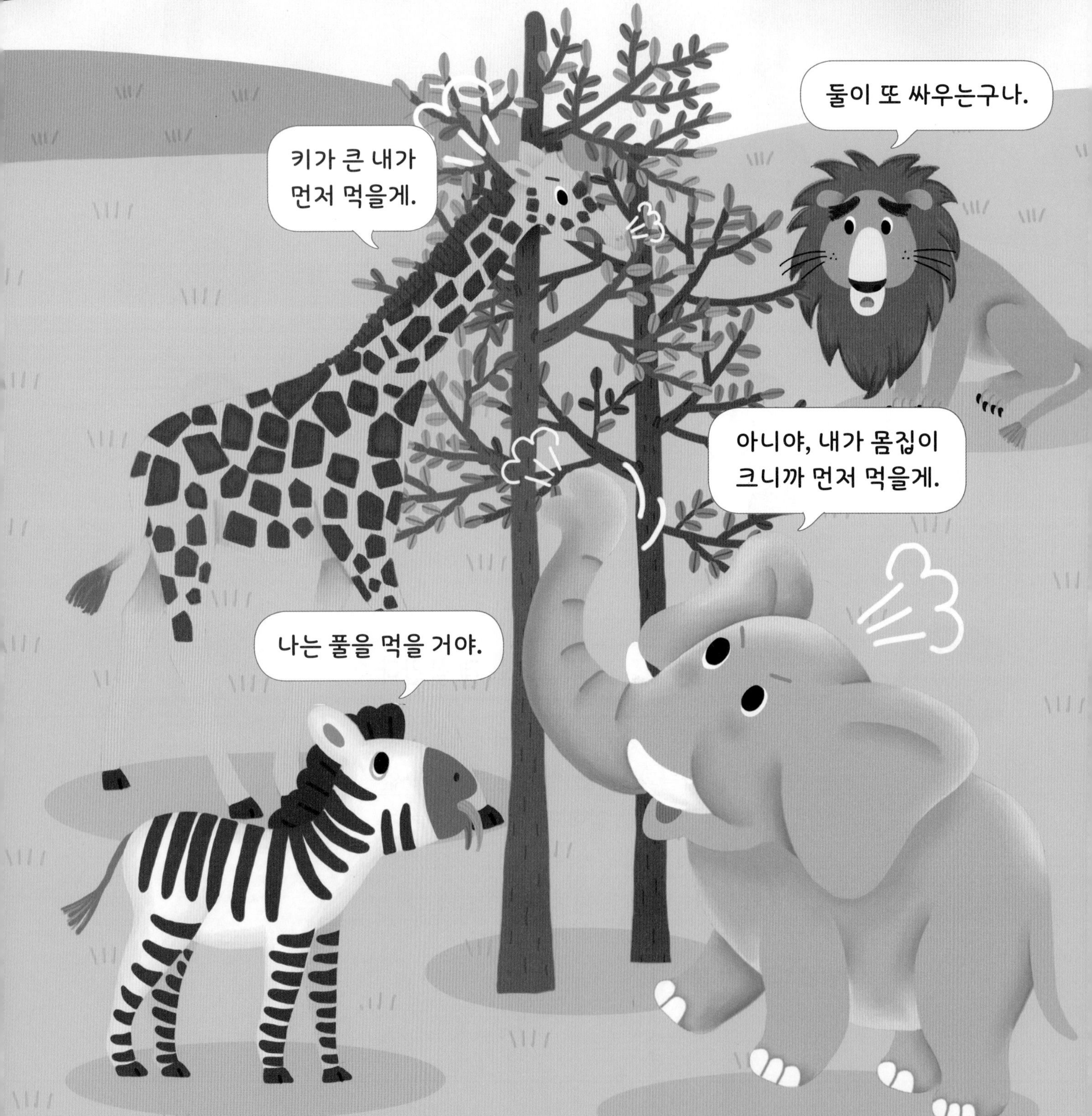

그림으로 배우는 어휘

하품

하 품	하 품	하 품

졸리거나 싫증이 날 때 저절로 입이 벌어지면서
나오는 깊은 호흡.

예 책이 재미없어서 하품만 하고 있다.

걱정이 되거나 긴장이
풀릴 때 길게 내쉬는
한숨과는 달라.

부엌

부 엌	부 엌	부 엌

일정한 시설을 갖추어 놓고 요리나 설거지
따위의 일을 하는 곳.

예 물을 마시러 부엌에 갔다.

비슷한 뜻으로 주방이
쓰일 수도 있어.

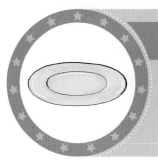

접시

접 시	접 시	접 시

과일이나 반찬 등 음식을 담는 얇고 납작한
그릇.

예 과자를 접시에 가득 담았다.

하늘을 나는
납작한 모양의 것을
비행접시라고 해.

알고 있니? 가위바위보

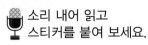
소리 내어 읽고
스티커를 붙여 보세요.

잘 듣고 따라
읽어 보세요.

누가 먼저 먹는 게 좋을까?

일요일 아침, 세 아이는 일찍 일어났습니다.

눈을 비비며 하품을 하는데 맛있는 요리 냄새가 났습니다.

세 아이는 냄새를 따라 부엌으로 갔습니다.

아빠와 엄마가 웃으며 함께 요리를 하고 있었습니다.

세 아이는 식탁에 놓인 접시 앞에 앉았습니다.

아빠가 아이들에게 물었습니다.

"요리는 누구 접시에 제일 먼저 담아 줄까?"

첫째가 웃으며 말했습니다.

"셋 중에 제일 먼저 태어난 사람이요."

그러자 제일 키가 큰 둘째가 말했습니다.

"셋 중에 제일 키가 큰 사람이요."

둘의 말을 듣고 있던 셋째가 손을 들며 말했습니다.

"우리 집에서 아빠, 엄마가 제일 귀여워하는 사람이요."

웃으며 아이들의 말을 듣고 있던 엄마가 말했습니다.

"그럼, 셋이서 가위바위보를 하면 어떠니?"

그러자 세 아이 모두 얼굴을 찌푸리며 말했습니다.

"그건 싫어요. 가위바위보를 해서 이긴 적이 없어요."

세 아이 중 누가 요리를 제일 먼저 받았을까요?

 글의 내용 이해하기

1 요리를 제일 먼저 받을 사람은 누구인지에 대해 말한 내용으로 알맞지 <u>않은</u> 것은 무엇입니까? (   )

① 첫째는 제일 먼저 태어난 사람이라고 말했습니다.

② 둘째는 제일 키가 큰 사람이라고 말했습니다.

③ 셋째는 아빠, 엄마가 제일 귀여워하는 사람이라고 말했습니다.

④ 아빠는 제일 먼저 부엌에 온 아이라고 말했습니다.

⑤ 엄마는 가위바위보를 해서 정하자고 말했습니다.

낱말 뜻 이해하기

2 다음 글을 읽고, 빈칸에 들어갈 알맞은 말을 이 글에서 찾아 쓰세요.

> • 여러 형제자매 중에서 맨 먼저 태어난 사람을 '맏이'라고 합니다.
> • 여러 형제자매 중에서 맨 마지막으로 태어난 사람을 '막내'라고 합니다.

(1) 세 아이 중 맏이는 [|] 아이입니다.

(2) 세 아이 중 막내는 [|] 아이입니다.

세부 내용 이해하기

3 세 아이가 일어나자마자 부엌으로 간 까닭은 무엇인지 알맞은 것에 ○표 하세요.

> 세 아이는 (코로 / 눈으로) 맛있는 요리 냄새를 맡았기 때문입니다.

 4 가위바위보로 순서를 정하려고 합니다. 아래 그림을 낸 사람을 이기려면 가위, 바위,
스티커 보 중 무엇을 내야 할지 스티커에서 찾아 붙여 보세요.

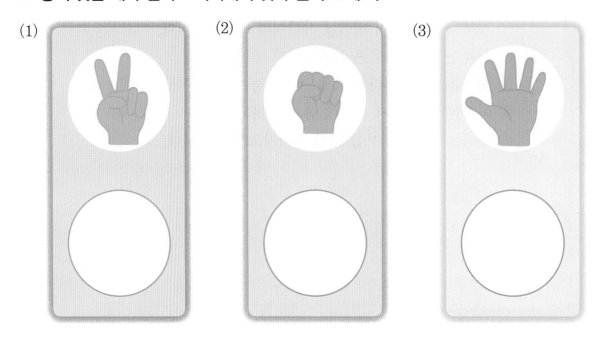

(1)   (2)   (3)

내용 이해하고 활동하기

5 당근이 10개 있습니다. **1**~**3**번 토끼 중 누가 당근을 제일 많이 먹는 것이 좋을지 정
하고, 그렇게 정한 이유를 써 보세요.

_____

_____

_____

 흐리게 쓴 글자는 따라 쓰세요.

 어휘야 놀자~

잘못 쓰기 쉬운 말

낱말을 쓸 때 잘못 쓰기 쉬운 낱말이 있습니다. 바르게 쓴 낱말을 잘 보고 따라 써 봅니다.

싫어요 ◎	실어요 ✖	→	싫	어	요		싫	어	요
없어요 ◎	업써요 ✖	→	없	어	요		없	어	요
찌푸리다 ◎	찌프리다 ✖	→	찌	푸	리	다	찌	푸	리	다

재미있는 속담 익히기

도토리 키 재기

'키가 작은 사람끼리 누가 더 큰지 도토리 키 재기를 하고 있다.'라고 할 때 도토리 키 재기가 무슨 뜻일까요? 사실 도토리 열매는 크기가 다 고만고만하잖아요. 이처럼 차이가 거의 없는 고만고만한 사람끼리 서로 다툼을 하는 것을 이르는 말이에요. 서로 비슷하여 비교할 필요가 없을 때 사용하는 속담이지요.

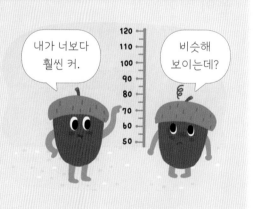

속담을 따라 써 봅니다.

| 도 | 토 | 리 | | 키 | | 재 | 기 | | | | | |

더 높이, 더 멀리 우주까지 가 보자.

더 높이, 더 멀리 가면 무엇이 있을까?

더 높이,
우주까지 가 보자.

구름까지 올라왔어.
우리 집도 보이나?

높이 뛰어올라
볼까?

그림으로 배우는 어휘

1 주차

1회
2회
3회
4회
5회

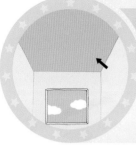

천장

천 장　천 장　천 장

건물 안쪽의 위가 되는 면.
⑩ 천장에 전등이 매달려 있네!

천장의 반대편에는
바닥이 있어.

옥상

옥 상　옥 상　옥 상

건물에서 마당처럼 편평하게 만든 지붕의 위.
⑩ 옥상에 올라가면 남산이 보여.

건물의 옥상에 꽃을
심어 만든 정원을
옥상 정원이라고 해.

우주

우 주　우 주　우 주

지구와 모든 별이 있는 끝없이 넓은 곳.
⑩ 우주에는 많은 별이 있어.

우주를
비행하도록 만든 것이
우주선이야.

알고 있니? 누가 처음 우주로 갔을까?

사람이 우주선을 타도
안전할까?

나는 라이카야.
최초로 우주로 갔어.

그럼 개를 먼저
우주로 보내 보자.

1961년 1월. 침팬지 햄은 17분간 우주 비행을 했습니다.

나는 햄이야.
우주 비행을 마치고
무사히 돌아왔어.

네가 좋아하는
사과야.

1961년 4월. 소련의 우주선이 최초로 지구 궤도를 돌았습니다.

우주에 간 최초의
인간은 가가린이야.

지구는 푸르다.

1969년 7월. 미국의 아폴로 11호는 달 착륙에 성공했습니다.

나는 암스트롱이야.
인류 최초로 달을 밟았지.

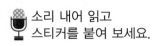 소리 내어 읽고
스티커를 붙여 보세요.

   잘 듣고 따라
읽어 보세요.

더 높이, 더 멀리 가면 무엇이 있을까?

고개를 들어 높은 곳을 보아요.

머리 위에 무엇이 있나요?

교실 천장이 보여요.

계단을 올라가면 무엇이 있을까요?

1층, 2층, ……. 층마다 교실이 있어요.

계단을 끝까지 올라가면 무엇이 있을까요?

학교 옥상이 있어요.

열기구를 타고 높이 올라가면 무엇이 있을까요?

파란 하늘이 있어요.

비행기를 타고 높이 날아가면 무엇이 있을까요?

하얀 구름이 있어요.

우주선을 타고 멀리 날아가면 무엇이 있을까요?

둥근 달이 있어요.

우주선을 타고 달보다 더 멀리 가면 무엇이 있을까요?

붉은 태양이 있어요.

우주선을 타고 태양보다 더 멀리 가면 무엇이 있을까요?

캄캄한 우주가 있어요. 그리고 반짝반짝 빛나는 별들이 있어요.

글의 내용 이해하기

1 이 글의 내용으로 알맞지 <u>않은</u> 것은 무엇입니까? (   )

① 우주에는 별들이 있습니다.

② 머리 위에는 교실 천장이 있습니다.

③ 열기구를 타고 올라가면 우주가 있습니다.

④ 계단을 올라가면 층마다 교실들이 있습니다.

⑤ 비행기를 타고 높이 날아가면 하얀 구름이 있습니다.

낱말 뜻 이해하기

2 다음 문장에 알맞은 말을 보기 에서 찾아 쓰세요.

보기	・달	・별	・태양

(1) 낮에는 하늘에 (   )이 떠 있어요.

(2) 밤하늘을 보면 (   )과 (   )이 떠 있어요.

글의 내용 적용하기

3 그림에 있는 곳을 가려면 어떻게 가야 할까요? 빈칸에 들어갈 알맞은 말을 쓰세요.

(1)

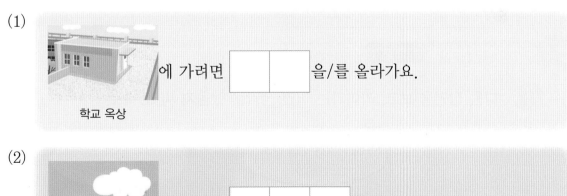

에 가려면 [ ][ ]을/를 올라가요.

학교 옥상

(2)

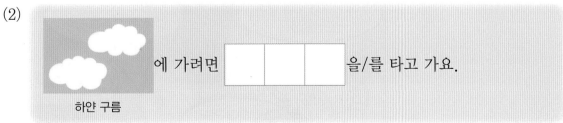

에 가려면 [ ][ ][ ]을/를 타고 가요.

하얀 구름

(3)

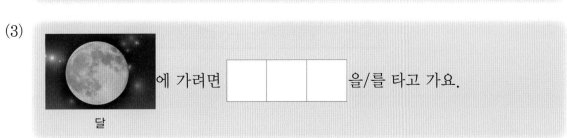

에 가려면 [ ][ ][ ]을/를 타고 가요.

달

4 이 글에서 가장 높이, 가장 멀리 있는 것은 무엇이라고 하였습니까? (   )

① 달   ② 하늘   ③ 구름

④ 우주   ⑤ 교실

5 보기와 같이 주어진 낱말을 꾸며 주는 말을 이 글에서 찾아 쓰세요.

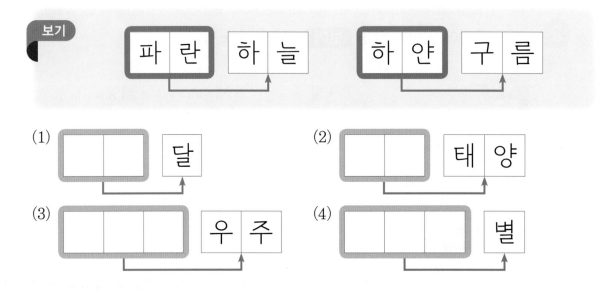

보기

| 파 | 란 | | 하 | 늘 |
| 하 | 얀 | | 구 | 름 |

(1)
| | | 달 |

(2)
| | | 태 | 양 |

(3)
| | | 우 | 주 |

(4)
| | | 별 |

6 다음 장면을 보고, 라이카는 어떤 생각을 했을지 써 보세요.

어휘 살찌우기

글자는 같은데 뜻이 다른 낱말을 따라 써 봅니다.

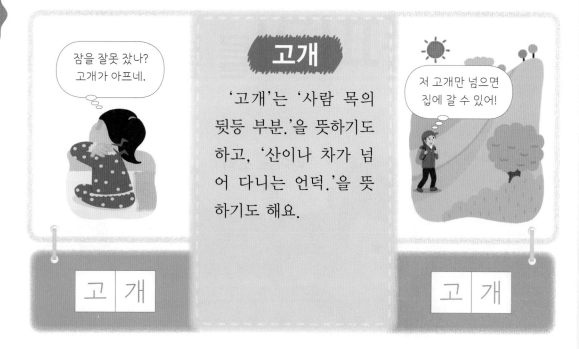

잠을 잘못 잤나? 고개가 아프네.

고개

'고개'는 '사람 목의 뒷등 부분.'을 뜻하기도 하고, '산이나 차가 넘어 다니는 언덕.'을 뜻하기도 해요.

저 고개만 넘으면 집에 갈 수 있어!

고	개

고	개

재미있는 속담 익히기

하늘의 별 따기다

'하늘의 별 따기다'라는 말을 들어 보았지요?

저 높은 하늘에 떠 있는 별을 딴다는 것은 사람의 힘으로는 할 수 없는 일이지요. 그래서 이 속담은 매우 어려워서 이루어지기가 거의 불가능하다는 뜻을 나타낼 때 쓰입니다.

'노래를 못하는 네가 가수가 된다는 건 하늘의 별 따기야.'라고 할 때 쓰이지요.

별 따러 가자.

속담을 따라 써 봅니다.

하	늘	의		별		따	기	다		

많은 것들이 악기가 될 수 있어요.

풀피리를 불어 보아요

물 높이가 다르니까
소리도 다르게 나네.

피아노 소리
같아!

이건 피리 소리가 나네.

나는 돌을 두드려
연주를 해야지.

나무를 두드리거나
때려도 북소리가 나.

1
주차

1회
2회
3회
4회
5회

풀피리

풀 피 리   풀 피 리

두 입술 사이에 풀잎을 대거나 물고 불어서
피리 같은 소리를 내는 것.
예) 아빠와 나뭇잎을 물고 풀피리를 불었어요.

풀피리는
풀잎피리라고도 해.

나뭇잎

나 뭇 잎   나 뭇 잎

나무의 잎.
예) 바람이 불어서 나뭇잎이 떨어져요.

풀의 잎은 풀잎이야.

궁궐

궁 궐   궁 궐   궁 궐

임금이 살면서 나라를 다스리던 집.
예) 저 집은 크고 화려해서 궁궐 같습니다.

궁궐은 대궐,
궁전이라고도 해.

알고 있니? 풀피리도 악기입니다

풀피리는 옛날부터 우리나라 사람들이 사랑한
악기였습니다. 500년 전에 쓰인 책에 보면 풀피
리의 종류, 재료와 연주법이 자세히 쓰여 있습
니다.

요즘은 가끔 텔레비전이나 공연장에서 풀피리
를 연주하는 분들을 볼 수 있는데, 이분들을 보
면 무대에 화분을 놓고 연주하는 경우가 많아
요. 이 화분에서 잎을 떼어 연주하는 것이지요.
화분을 가지고 가기 어려운 경우에는 잎을 준비
해서 물에 담가 가지고 간다고 합니다. 잎이 시
들면 음을 정확하게 내기 힘들기 때문이래요.

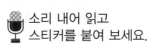 소리 내어 읽고
스티커를 붙여 보세요.

 잘 듣고 따라
읽어 보세요.

풀피리를 불어 보아요

오늘 수업 시간에는 풀피리를 직접 만들어 불어 보기로 해요.

풀피리는 나뭇잎이나 풀잎, 나무껍질로 만들어요. 피리처럼 입으로 불면 소리가 나지요. 풀피리는 옛날부터 있었던 악기랍니다. 옛날에는 임금님이 궁궐에 풀피리를 연주하는 사람들을 두었다고 해요.

그럼 이제 풀피리를 만들어 볼까요?

여러분 앞에 깨끗하게 씻은 나뭇잎이 하나씩 있을 거예요.

먼저 나뭇잎을 뒤집어 뒷면이 바깥으로 나오게 반으로 접어 주세요.

이것을 두 손으로 잡고 아랫입술과 윗입술로 살짝 물어 주세요.

그리고 잎으로 아랫입술을 막고 윗입술을 살짝 떨어지게 해요. 그 사이로 바람을 세게 불어 소리를 내 보세요.

이때 소리가 나지 않는다고 슬퍼하지 마세요.

처음에는 소리를 내기 힘들어도 자꾸 하다 보면 풀피리 소리가 난답니다.

글의 내용 이해하기

1 이 글은 무엇에 대해 설명하고 있나요? 빈칸에 들어갈 알맞은 말을 이 글에서 찾아 쓰세요.

을/를 만들어 부는 방법

세부 내용 이해하기

2 빈칸에 들어갈 알맞은 낱말을 차례로 쓰고, 풀피리를 부는 방법을 정리해 보세요.

(1)
나뭇잎을 뒤집어 [　　][　　] 이/가 바깥으로 나오게 반으로 접어 주세요.

⬇

(2)
이것을 두 손으로 잡고 아랫입술과 윗입술로 살짝 물어 주세요.

⬇

(3)
잎으로 아랫입술을 막고 [　　][　　][　　] 을/를 살짝 떨어지게 만드세요.

⬇

(4)
그 사이로 [　　][　　] 을/를 세게 불어 소리를 내 보세요.

낱말 뜻 이해하기

3 다음 뜻에 해당하는 낱말을 이 글에서 찾아 쓰세요.

임금이 살면서 나라를 다스리던 집.

4 풀피리에 대한 설명으로 알맞은 말을 이 글에서 찾아 쓰세요.

풀피리는 □□ 처럼 입으로 불어서 소리를 냅니다.

5 이 글에서 풀피리를 만드는 재료는 무엇무엇이라고 했는지 모두 찾아 ○표 하세요.

풀잎   나뭇잎   대나무   나무껍질   플라스틱

6 밑줄 친 말과 바꾸어 쓸 수 있는 말은 무엇입니까? (   )

이것을 두 손으로 잡고 아랫입술과 윗입술로 살짝 물어 주세요. 그리고 잎
으로 아랫입술을 막고 윗입술을 살짝 떨어지게 해요.

① 그러나   ② 그다음   ③ 그런데
④ 왜냐하면   ⑤ 그러므로

어휘 살찌우기

입으로 불어서 소리 내는 것들을 알아보고 따라 써 봅니다.

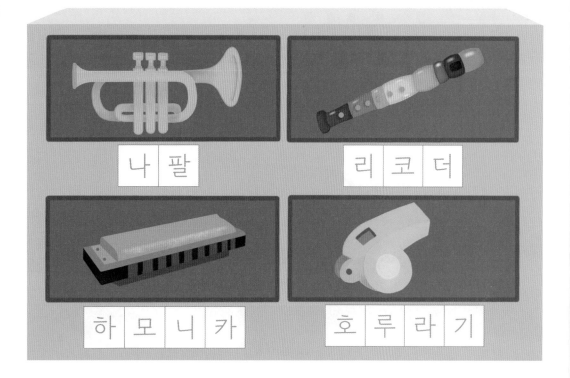

나 팔

리 코 더

하 모 니 카

호 루 라 기

재미있는 속담 익히기

입이 귀에 걸리다

우리가 너무 기쁘고 즐거우면 저절로 웃게 되지요? 입을 얼마나 크게 벌리면 귀까지 닿을까요? '입이 귀에 걸리다'는 '입꼬리가 귀 아래까지 올라가겠다.'라는 표현이에요. 매우 기쁘고 즐거워서 입을 크게 벌려 활짝 웃는 것을 표현한 말이랍니다. 비슷한 뜻으로 '입이 귀밑까지 찢어지다'라는 말도 쓰입니다.

새 신발이 너무 좋아요.

속담을 따라 써 봅니다.

입	이		귀	에		걸	리	다		

입	이		귀	밑	까	지		찢	어	지	다

날씨에 따라 기분도 달라져요.

날씨는 하늘이 준 선물

일곱 색깔 예쁜 무지개가 떴어.

흰 눈이 내려 세상을 하얗게 만들었어.

시원한 바람이 부는 맑은 날에는 산책하기 참 좋아.

비가 오는 날에는 우산을 써야 해.

비가 오면 우리는 쑥쑥 자랄 수 있어.

나들이

나 들 이 나 들 이

집을 떠나 멀지 않은 곳에 잠시 다녀오는 것.

(예) 공원으로 가족 나들이를 갔다.

나들이는 외출을 한다는 뜻이야.

곡식

곡 식 곡 식 곡 식

벼, 보리, 옥수수 등을 이르는 말.

(예) 들판에 곡식이 잘 익었구나!

곡물이라는 말도 같은 뜻이야.

무더위

무 더 위 무 더 위

몹시 덥고 땀이 많이 나서 견디기 어려운 더위.

(예) 무더위에는 시원한 그늘이 최고야.

견디기 어려운 추위는 강추위라고 해.

알고 있니? 해와 바람 중 누가 더 힘이 셀까?

나는 힘이 세. 나무도 부러지게 할 수 있다고.

그럼 누가 더 강한지 시합해 볼까? 저 사람 외투를 벗기면 이기는 걸로 하자.

아니 바람이 왜 이렇게 강한 거야?

이번에는 내가 해 볼게.

덥다 더워. 오늘 날씨가 왜 이러지?

바람아, 내가 이겼어. 힘은 잘 써야 하는 거야.

괜히 힘만 믿었다가 이게 뭐야.

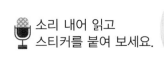
소리 내어 읽고
스티커를 붙여 보세요.

날씨는 하늘이 준 선물

날씨는 매일 달라져요. 날씨가 달라지면 세상도 달라져요.

맑은 날씨는 햇빛이 밝게 비추어요. 이런 날은 가족과 나들이하기에 좋지요. 야외에서 산책*하는 사람들도 많이 볼 수 있어요. 햇빛은 기분을 좋게 하고 건강도 좋아지게 하는 효과가 있답니다.

비 오는 날씨는 곡식과 식물을 쑥쑥 자라게 도와주어요. 여름에는 무더위를 식혀 주고요. 또 예쁜 무지개를 보이게도 하지요. 거리에는 우산을 쓴 사람들이 바쁘게 걸어가요.

눈 오는 날씨는 추워서 장갑을 끼고 털모자를 써야 해요. 하지만 추운 줄도 모르고 신나게 놀 수 있는 날씨랍니다. 눈사람을 만들고 눈싸움*도 할 수 있거든요. 그래서 겨울이 되면 우리는 눈이 내리기를 기다려요.

바람 부는 날씨는 나무들에게도 귀한 선물이에요. 움직일 수 없는 나무는 바람이 불면 기다렸다는 듯이 신나게 춤을 추지요. 그때 떨어진 나뭇잎은 바람에 날려서 우리에게 온답니다.

㉠매일 달라지는 날씨는 하늘이 준 선물이에요.

*산책: 건강을 위해 쉬면서 천천히 걷는 일.
*눈싸움: 눈을 뭉쳐 상대방을 맞히는 놀이.

글의 내용　이해하기

1 이 글의 내용으로 알맞지 <u>않은</u> 것은 무엇입니까? (　　　　)

① 날씨는 매일 달라집니다.

② 날씨는 선물을 좋아합니다.

③ 맑은 날씨는 나들이하기에 알맞습니다.

④ 날씨가 달라지면 할 수 있는 일도 달라집니다.

⑤ 비 오는 날씨는 여름철 무더위를 식혀 줍니다.

글의 내용　적용하기

2 ㉠에 해당되는 내용을 바르게 말한 친구는 누구인지 ○표 하세요.

바람이 세차게 불어서
나무가 부러졌어.

(　　　　)

비가 많이 와서
집이 물에 잠겼어.

(　　　　)

날씨가 좋아서
친구들과 놀았어.

(　　　　)

배경지식 활용하여　추론하기

3 다음 빈칸에 들어갈 알맞은 말을 보기 에서 찾아 쓰세요.

보기　　　　　•발표회　　　•운동회　　　•음악회

　　　너무 덥거나 춥지 않은 봄과 가을에는 즐거운 학교 행사가 있습니다. 전체
학생들이 청팀, 백팀으로 팀을 나누어 달리기, 줄다리기 등의 경기를 하는
☐☐☐ 가 있습니다.

4 다음 밑줄 친 말과 바꾸어 쓸 수 있는 말을 보기 에서 찾아 쓰세요.

보기   • 내린다   • 넘친다   • 흐른다   • 쌓인다

(1) 비가 <u>온다</u> ➡ 비가 ☐☐

(2) 눈이 <u>온다</u> ➡ 눈이 ☐☐

배경지식 활용하여 추론하기

5 다음 일기 예보를 읽고 할 수 있는 생각으로 알맞은 것에 ○표 하세요.

일기 예보

오늘은 온도가 34도까지 올라갑니다. 물을 자주 마시고 실내 온도는 26도 정도를 유지해 주세요. 그리고 더운 시간대인 낮 12시부터 오후 5시까지는 되도록 외출을 하지 말아 주세요.

(1) 친구랑 오후 2시에 놀이터에서 만나 신나게 놀아야겠어.   (   )
(2) 오늘같이 더운 날에는 실내에서 할 수 있는 놀이를 해야겠어.   (   )

내용 이해하고 활동하기

6 그림 속에서 비 오는 날 필요한 물건을 찾아 ○표 하고, 낱말을 따라 써 보세요.

우 산
장 화
비 옷

어휘 살찌우기

'ㄺ' 받침이 들어 있는 낱말을 알아보고 바르게 따라 써 봅니다.

 **맑다** 하늘이 맑다.

| 맑 | 다 | | 맑 | 다 | | 맑 | 다 |

 **밝다** 방 안이 밝다.

| 밝 | 다 | | 밝 | 다 | | 밝 | 다 |

 **읽다** 책을 읽다.

| 읽 | 다 | | 읽 | 다 | | 읽 | 다 |

재미있는 속담 익히기

호랑이 장가가고, 여우가 시집가는 날

　맑은 날에 해가 비치는데도 잠깐 내리다가 그치는 비를 보고 '여우비'라고 해요. 이렇게 여우비가 내리는 날, 옛 어른들은 '호랑이 장가가는 날'이라고 하든가 '여우가 시집가는 날'이라고 했어요.

오늘은 우리가 장가가고, 시집가는 날!

속담을 따라 써 봅니다.

| 호 | 랑 | 이 | | 장 | 가 | 가 | 는 | | 날 | | |
| 여 | 우 | 가 | | 시 | 집 | 가 | 는 | | 날 | | |

1단계 기본

무엇을 배울까요?

1회

화날 땐 이렇게 해 봐!

인문 | 문학 ★ 화도 잘 내는 방법이 있어요.

2회

우리의 영웅, 이순신

사회 | 역사 ★ 나라와 백성을 사랑한 이순신 장군!

3회

까치야, 감을 먹어!

과학 | 자연 ★ 씨앗이 자라면 무엇이 될까요?

4회

옛사람들의 마음을 담은 그림

예술 | 문화 ★ 사람들의 소망을 담은 그림을 그려요.

5회

쉿! 내 이야기를 들어 봐!

STEAM ★ 화장실을 깨끗하게 지켜 줄게요.

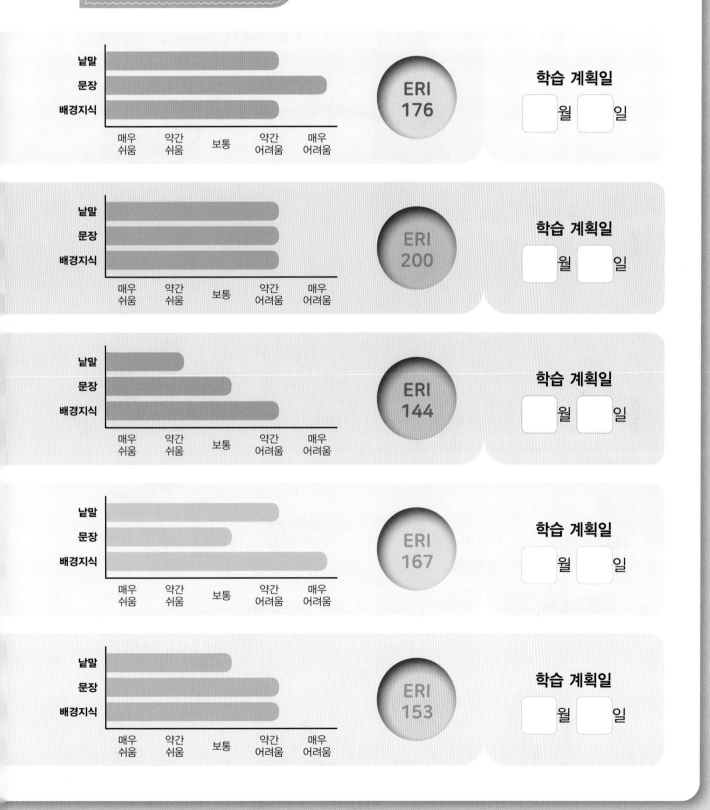

낱말
문장
배경지식

매우
쉬움 　약간
쉬움 　보통 　약간
어려움 　매우
어려움

ERI
176

학습 계획일

월 　일

낱말
문장
배경지식

매우
쉬움 　약간
쉬움 　보통 　약간
어려움 　매우
어려움

ERI
200

학습 계획일

월 　일

낱말
문장
배경지식

매우
쉬움 　약간
쉬움 　보통 　약간
어려움 　매우
어려움

ERI
144

학습 계획일

월 　일

낱말
문장
배경지식

매우
쉬움 　약간
쉬움 　보통 　약간
어려움 　매우
어려움

ERI
167

학습 계획일

월 　일

낱말
문장
배경지식

매우
쉬움 　약간
쉬움 　보통 　약간
어려움 　매우
어려움

ERI
153

학습 계획일

월 　일

화도 잘 내는 방법이 있어요.

화날 땐 이렇게 해 봐!

화를 낼 때도
연습이 필요하대.

무슨 일이야?
왜 여기서 울고 있어?

나 정말 화났다고!

어떡하지?
미안해.

내가 열심히 만든 건데
다 망가졌어.

화

| 화 | 화 | 화 |

몹시 언짢거나 못마땅하여 나는 성.

예 그렇게 벌컥 화를 내면 어떻게 해!

'화'와 비슷한 말로 골이 있어.

팔

| 팔 | 팔 | 팔 |

사람의 손목과 어깨 사이의 부분.

예 엄마는 두 팔을 벌려 나를 안아 주었다.

팔과 다리를 합쳐 팔다리라고 하지.

몸

| 몸 | 몸 | 몸 |

사람이나 동물의 머리에서 발까지의 전체.

예 옷이 내 몸에 꼭 맞아요.

몸에서 가슴·등·배로 이루어진 부분을 몸통이라고 해.

알고 있니? 동물들은 감정 표현 방법도 다양해!

기쁨, 행복, 즐거움, 슬픔, 두려움 등의 감정은 사람만 느끼는 게 아니에요. 동물들도 다양한 감정을 느끼지요. 그런데 동물들은 어떻게 감정을 표현할까요?

즐거울 때 동물들은 다양한 몸짓으로 표현해요. 고양이나 퓨마는 가르랑거리고, 돌고래는 요란하게 끽끽대지요. 수달은 재주넘기를 하거나 춤을 추기도 해요.

슬플 때 동물들은 고통스럽게 울기도 하고, 오랫동안 우울해하기도 해요. 코끼리는 새끼가 다치면 무리에서 떨어져서 멍하니 앉아만 있어요. 회색기러기는 짝이 죽으면 고개를 푹 숙이고 다닙니다.

이처럼 동물들도 자기만의 방법으로 감정을 표현한답니다.

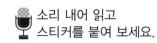
소리 내어 읽고
스티커를 붙여 보세요.

잘 듣고 따라
읽어 보세요.

화날 땐 이렇게 해 봐!

㉠화를 내 본 적 있나요?

우리는 화를 내면 안 된다고 배웠어요.

그래서 화는 나쁜 거라고 생각하기 쉽지요.

그런데 화는 누구나 느낄 수 있는 아주 자연스러운 ㉡감정*이에요.

화를 내는 방법이 문제인 거죠.

엉뚱한 사람에게 화풀이*를 하거나, 지나친 행동으로 화를 내면 안 되거든요.

그렇다면 화가 났을 땐 어떻게 해야 할까요?

화가 나면 마음속으로 1에서 15까지 수를 세 보세요.

아니면 화를 나게 만든 것으로부터 15초만 멀리 떨어져 있어 보세요.

어떤 감정이 시작되어 맨 꼭대기에 이르는 데까지는 15초가 걸린다고 해요.

15초가 지나면 어느새 화가 가라앉기 시작하거든요.

그래서 ㉢15초만 내 마음을 잘 쓰다듬어 주면 된답니다.

이때 두 팔로 내 몸을 안아 주는 것도 좋아요.

속으로 '괜찮아. 그럴 수 있어.'라고 말해 주면서 말이에요.

그러면 화를 내고 나서 후회하는 일은 없을 거예요.

*감정: 슬픔 · 기쁨 · 좋음 · 싫음 따위의 마음 상태.
*화풀이: 화를 풀려고 엉뚱한 사람에게 화를 내는 것.

글의 내용 이해하기

1 ㉠ '화'에 대한 설명으로 알맞지 <u>않은</u> 것은 무엇입니까? (   )

① 화는 나쁜 거라고 생각하기 쉽습니다.

② 지나친 행동으로 화를 내면 안 됩니다.

③ 누구에게나 바로바로 크게 화를 내야 합니다.

④ 화를 내는 방법에 따라 문제가 될 수도 있습니다.

⑤ 화는 누구나 느낄 수 있는 자연스러운 감정입니다.

낱말 뜻 이해하기

2 다음 중 ㉡ '감정'에 속하지 <u>않는</u> 것은 무엇입니까? (   )

① 슬픔   ② 기쁨   ③ 싫음

④ 좋음   ⑤ 높음

전체 내용 구성하기

3 마인드맵

이 글의 내용을 정리한 마인드맵입니다. 빈칸에 들어갈 알맞은 말을 쓰세요.

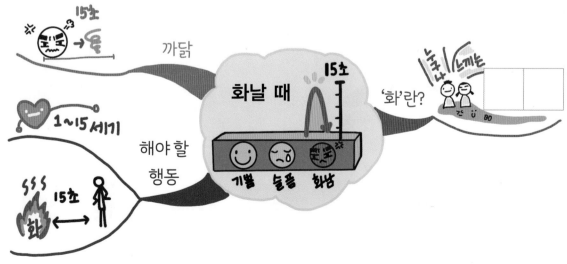

4 ©과 같이 말한 까닭은 무엇일지 빈칸에 공통으로 들어갈 알맞은 말을 쓰세요.

> 15초가 지나면 ☐ 이/가 가라앉기 시작합니다. 따라서 ☐ 을/를 내고 후회할 만한 행동은 하지 않게 될 것입니다.

5 다음 중 화가 났을 때 알맞게 행동한 친구를 찾아 모두 ○표 하세요.

나는 속으로 수를 세며 마음을 가라앉혔어.

(   )

두 팔로 내 몸을 안고 나를 쓰다듬어 줬어.

(   )

옆에 있던 양동이를 발로 걷어차서 찌그러뜨렸어.

(   )

6 강아지가 느꼈을 감정에 알맞은 스티커를 찾아 붙여 보세요.
스티커

어휘 살찌우기

기분이 안 좋을 때 쓰는 낱말들을 알아보고 따라 써 봅니다.

| 화 | 화 | 나 | 다 | | 화 | 를 | | 내 | 다 |

| 골 | 골 | 나 | 다 | | 골 | 을 | | 내 | 다 |

재미있는 속담 익히기

소 잃고 외양간 고친다

옛날에는 주로 농사를 짓고 살아서 소가 귀한 재산이었어요. 이 소를 기르는 곳이 외양간이에요. 만약 소를 잃고 나서 망가진 외양간 문을 고쳐 봤자, 이미 도망간 소가 다시 돌아오지는 않겠죠?

이 속담은 이처럼 평소에는 가만히 있다가 일을 당하고 나서야 뒤늦게 손을 쓴다는 뜻이에요. 또, 이미 일이 잘못된 뒤에는 아무리 뉘우쳐도 소용없다는 뜻도 담겨 있지요.

나중에 후회하지 않게 미리미리 준비하고 노력하는 자세가 중요하답니다.

난, 여기가 더 좋아.

외양간을 다 고쳤는데, 소가 없어

속담을 따라 써 봅니다.

| 소 | | 잃 | 고 | | 외 | 양 | 간 | | 고 | 친 | 다 |

나라와 백성을 사랑한 이순신 장군!

우리의 영웅, 이순신

이순신 장군 동상이에요.

이순신 장군은 일본과의 전쟁에서 나라를 구했단다.

현충사에 가면 이순신 장군에 대해 더 많은 것을 알 수 있단다.

이순신 장군에 대해 더 많은 것을 알고 싶어요.

충무공 이순신 동상

그림으로 배우는 어휘

장군

장 군   장 군   장 군

군대에서 높은 계급을 가진 군인.

(예) 나는 커서 훌륭한 장군이 될 거야.

장군이 될 만한 사람을 **장군감**이라고들 하지.

꿈

꿈   꿈   꿈

자기가 이루고 싶은 희망.

(예) 내 꿈은 과학자가 되는 거야.

잠자는 동안 꾸는 **꿈**도 있어.

왕

왕   왕   왕

나라를 다스리는 우두머리.

(예) 세종 대왕은 한글을 만드신 왕이야.

왕을 **임금**, **황제** 라고도 해.

? 알고 있니?   거북선을 타 봤어요

이순신 장군 하면 가장 먼저 무엇이 생각나니?

거북선이요. 그리고 바다에서 일본군과 싸워 큰 승리를 한 거요.

와, 거북선이다! 엄청 큰 거북이 같아요.

이것은 실제 거북선을 그대로 만들어 놓은 거야. 등에는 뾰족한 침이 있어서 적들이 배에 올라올 수 없었단다.

거북선 안이 생각보다 넓지?

안에는 이렇게 대포도 있고, 화장실도 있었어.

와~

우리도 거북선을 만들어 볼까?

네, 이순신 장군을 생각하면서요.

거북선

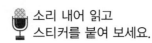
소리 내어 읽고
스티커를 붙여 보세요.

잘 듣고 따라
읽어 보세요.

우리의 영웅, 이순신

이순신 장군은 훌륭한 장군이 되어 나라를 지키겠다는 ㉠꿈을 가지고 있었어요. 그리고 어려서부터 전쟁놀이를 좋아했답니다.

하루는 길에서 동네 아이들과 전쟁놀이를 할 때였어요. 한 노인이 그 길을 지나려고 했어요. 아이들은 당연히 길을 비켜 주었지요. 그러나 어린 순신은 그 노인의 앞을 가로막았어요.

화가 난 노인이 물었어요.

"얘야, 왜 어른인 내 앞을 가로막느냐?"

어린 순신은 당당하게 말했어요.

"우리는 지금 전쟁놀이를 하고 있습니다. 전쟁 중에는 우리 땅에 아무도 들어올 수 없습니다."

노인은 다시 물었어요.

"왕이 지나가면 어떻게 할 것이냐?"

"어찌 왕께서 전쟁터를 지나가시게 합니까? 제가 장군이 되면 절대 ㉡그런 일은 없을 것입니다."

"허허, 그놈 참 대단하구나."

노인은 순신의 말을 듣고 고개를 끄덕이며 다른 길로 돌아서 갔어요.

 1 이 글의 내용으로 알맞지 <u>않은</u> 것은 무엇입니까? (   )

① 이순신의 어릴 적 꿈은 장군이 되는 것이었습니다.

② 순신은 노인에게 자신의 생각을 당당히 밝혔습니다.

③ 결국 노인은 순신이 가로막은 길로 지나가지 못했습니다.

④ 전쟁놀이를 하던 아이들은 노인에게 길을 비켜 주었습니다.

⑤ 노인은 순신의 말을 듣고 처음보다 더 크게 화를 냈습니다.

세부 내용 이해하기

2 어린 순신이 좋아했던 놀이는 무엇입니까? (   )

① 딱지치기

② 공기놀이

③ 땅따먹기

④ 전쟁놀이

⑤ 줄다리기

세부 내용 이해하기

3 어린 순신이 길을 지나려는 노인의 앞을 가로막은 이유는 무엇입니까? (   )

① 전쟁놀이를 같이하려고

② 노인에게 인사를 하려고

③ 노인을 지름길로 가게 하려고

④ 위험한 것으로부터 노인을 지켜 주려고

⑤ 전쟁 중인 순신의 땅에 들어오는 것을 막으려고

4 밑줄 친 말이 ⊙ '꿈'과 같은 뜻으로 쓰인 것은 무엇입니까? (   )

① 민수: 어젯밤에 무서운 꿈을 꾸었어.

② 야영: 돌아가신 할머니가 꿈에 보였어.

③ 현희: 꿈에서 깨어 보니 벌써 아침이야.

④ 명희: 꿈속에서 형이랑 신나는 놀이를 했어.

⑤ 정호: 앞으로 우주 과학자가 되는 것이 나의 꿈이야.

5 ⓛ '그런 일'은 어떤 일을 말하는 것입니까? (   )

① 노인에게 칭찬을 듣는 일

② 노인과 길에서 다시 만나는 일

③ 왕께서 전쟁터를 지나가시게 하는 일

④ 노인에게 사과하고 길을 비켜 주는 일

⑤ 동네 아이들과 길에서 전쟁놀이를 하는 일

6 이순신 장군에 대해 알고 있는 것을 생각나는 대로 써 보세요.

흐리게 쓴 글자는 따라 쓰세요.

어휘야 놀자~

어휘
살찌우기

우리말에는 나이에 따라 부르는 낱말이 따로 있습니다. 어떤 낱말이 있는지 알아보고 따라 써 봅니다.

어린이   '어린아이'를 대접하거나 이르는 말.

어	린	이	어	린	이	어	린	이

젊은이   나이가 젊은 사람.

젊	은	이	젊	은	이	젊	은	이

늙은이   나이가 들어 늙은 사람.

늙	은	이	늙	은	이	늙	은	이

재미있는
우리말
익히기

우리말 중에 '고개'와 관련 있는 재미있는 말을 알아보고 따라 써 봅니다.

고개를 끄덕이다

옳다거나 좋다는 뜻으로 고개를 위아래로 흔들다.

고	개	를		끄	덕	이	다

고개를 흔들다

거절하는 뜻으로 고개를 좌우로 움직이다.

고	개	를		흔	들	다

고개를 돌리다

어떤 사람, 일, 상황 따위를 모르는 척 외면하다.

고	개	를		돌	리	다

씨앗이 자라면 무엇이 될까요?

까치야, 감을 먹어!

씨를 땅에 심으면 싹이 나고 자라서 사과가 다시 열리지.

아빠, 이 씨를 심으면 사과가 또 나와요?

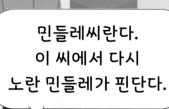

민들레씨란다. 이 씨에서 다시 노란 민들레가 핀단다.

엄마, 이게 뭐예요?

까치

까 치   까 치   까 치

머리에서 등까지는 검고 윤이 나며 어깨와
배는 흰색인 새.

예 까치가 울면 반가운 손님이 온다는 말이 있다.

까치가 먹으라고 따지
않고 몇 개 남겨 두는
감을 **까치밥**이라고 해.

꼭대기

꼭 대 기   꼭 대 기

서 있거나 높이가 있는 물건 등의 맨 위쪽.

예 산의 꼭대기에는 무엇이 있을까?

산의 꼭대기는
정상이라고 해.

씨앗

씨 앗   씨 앗   씨 앗

채소나 곡식 등의 씨.

예 토마토 씨앗을 뿌렸어요.

씨앗을 줄여서
씨라고도 해.

알고 있니?   씨앗을 옮겨 줄까?

새들이 열매를 먹고 멀리 날아가요. 새들이 날아가서 똥을 누면 똥 속에 있던 열매
의 씨앗에서 싹이 나요.

도꼬마리 같은 식물의 열매는 바늘과 같은 가시가 붙어 있어요. 가시는 동물의 털에
붙어 다른 곳으로 옮겨 가고, 그곳에 떨어져 싹을
틔워요.

민들레 홀씨는 바람이 불면 먼 곳으로 날아가요.
그리고 땅에 떨어져 싹이 나요.

단풍나무 씨앗은 날개가 달려 있어요.
바람을 타고 먼 곳으로 날아가 싹을 틔워요.

이처럼 식물은 다른 동물이나 바람의 도움을 받
아 씨앗을 멀리 퍼뜨려요.

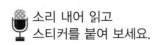 소리 내어 읽고 스티커를 붙여 보세요.

 잘 듣고 따라 읽어 보세요.

까치야, 감을 먹어!

할머니 댁 앞마당 한가운데에 커다란 감나무가 있어요.

가을이 되면 맛있는 감이 주렁주렁 달려 있어요.

초록색이던 감이 주황색으로 변한 거예요.

감이 맛있게 익은 거예요.

감이 다 익으면 감을 따야 해요.

긴 막대기를 가지고 감나무를 흔들지요.

그러면 맛있는 감이 바닥으로 떨어지지요.

조심조심 떨어진 감을 주워서 담아요.

그런데 올려다보니 감나무 꼭대기에 감이 몇 개 남아 있어요.

"저 감은 왜 안 따요?"

나는 궁금해서 할머니께 여쭈어보았어요.

"그건 까치 주려고 남겨 둔 거야."

"왜 까치를 줘요?"

"추운 겨울에 까치가 먹을 게 없을까 봐 그런단다. 그런데 까치가 감을 먹고 다른 곳으로 날아가 똥을 누면, 똥 속에 있던 감 씨앗은 땅으로 떨어져. 그곳에서 또 감나무가 자라나지."

아하! 까치에게 감을 주면, 까치가 감 씨앗을 멀리 퍼뜨리는 거군요.

1 이 글의 내용으로 알맞은 것은 무엇입니까? (   )

① 초록색 감은 맛있습니다.

② 초록색 감이 열리면 바로 감을 땁니다.

③ 감나무 꼭대기에 감 몇 개를 남겨 둡니다.

④ 할머니 댁 뒷산에 커다란 감나무가 있습니다.

⑤ 감이 다 익으면 나무 위에 올라가 감을 땁니다.

세부 내용 이해하기

2 까치에게 감을 남겨 주는 이유는 무엇입니까? (   )

① 감이 너무 많기 때문입니다.

② 먹을 사람이 없기 때문입니다.

③ 까치를 쫓아낼 수 없기 때문입니다.

④ 너무 높은 곳에 있어서 익지 않았기 때문입니다.

⑤ 추운 겨울이 오면 까치가 먹을 것이 부족하기 때문입니다.

세부 내용 이해하기

3 까치가 감을 먹으면 일어나는 일을 보기 에서 찾아 순서대로 기호를 쓰세요.

보기
　㉠ 날아가던 까치가 똥을 눕니다.
　㉡ 까치가 감을 먹고 다른 곳으로 날아갑니다.
　㉢ 똥 속에 있던 씨앗이 땅에 떨어져 싹이 납니다.

4 다음 빈칸에 공통으로 들어갈 알맞은 말을 이 글에서 찾아 쓰세요.

이/가 먹으라고 따지 않고 몇 개 남겨 두는 감을

'　　밥'이라고 합니다.

내용 이해하고 활동하기

5 가을이 되면 감나무의 감은 무슨 색으로 변하는지 색칠해 보세요.

배경지식 활용하여 활동하기

 6
스티커
　바람에 날려 씨를 퍼뜨리는 식물의 씨앗을 스티커에서 찾아 붙여 보세요.

민들레

단풍나무

어휘 살찌우기

우리 옛날이야기에 자주 등장하는 '까치'와 관련 있는 낱말을 따라 써 봅니다.

까치가 먹으라고 남겨 놓은 감.

까	치	밥	까	치	밥

까치의 집.

까	치	집	까	치	집

발뒤꿈치를 들고 앞부분으로만 서 있는 것.

까	치	발	까	치	발

재미있는 속담 익히기

감나무 밑에 누워서 홍시 떨어지기를 기다린다

홍시[*] 떨어지면 먹으려고 감나무 밑에 가서 입 벌리고 누웠다는 말이에요. 감이 열리면 긴 나무로 감을 따서 먹어야 하는데, 저절로 감이 떨어져 입속으로 들어오기를 기다린다니 참 어리석죠?

그래서 아무런 노력도 안 하고 좋은 결과가 이루어지기만 바라는 어리석은 사람을 말할 때 쓰이는 속담입니다.

*홍시: 물렁하게 잘 익은 감.

속담을 따라 써 봅니다.

감	나	무		밑	에		누	워	서		홍	시

떨	어	지	기	를		기	다	린	다			

사람들의 소망을 담은 그림을 그려요.

옛사람들의 **마음**을 담은 **그림**

옛날 사람들 사이에 널리 퍼진 그림이 '민화'야.

오래 살고 싶어서 해, 산, 소나무, 거북이를 그렸어.

그래서 변하지 않고 오래 사는 동물을 그렸구나.

미술관

미술품을 늘어놓고 여러 사람에게 보여 주는 곳.

㉠ 월요일에는 문을 열지 않는 미술관이 많다.

미술품은 그림이나 조각 같은 미술 작품을 말해.

호랑이

호 랑 이   호 랑 이

등은 누런 갈색이고 검은 가로무늬가 있으며, 날카로운 이빨을 갖고 있음.

㉠ 호랑이가 "어흥" 하고 소리를 냈다.

호랑이는 범이라고도 해.

새해

새 해   새 해   새 해

한 해가 다 가고 새로 시작되는 해.

㉠ 새해 복 많이 받으세요.

새로 시작하는 해는 신년이라고도 해.

알고 있니? 옛날 사람들의 생활 모습을 그린 풍속화

옛날 그림 중에 보통 사람들의 생활 모습을 그린 풍속화가 있어요.

풍속화는 평범한 사람들의 생활을 생생하면서도 재미있게 표현하였어요. 그래서 그 시대 사람들의 옷차림이나 놀이 등 그때는 사람들이 어떻게 살았는지 살펴볼 수 있어요.

유명한 풍속 화가로는 김홍도, 신윤복 등이 있어요. 김홍도는 서당이나 씨름 등의 생활 모습을 재미있게 그렸고, 신윤복은 아름다운 여인을 주로 그렸어요.

김홍도의 '씨름'을 보면 씨름을 하는 사람, 씨름을 구경하는 사람들의 재미있는 표정들을 볼 수 있어요.

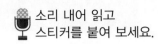
소리 내어 읽고
스티커를 붙여 보세요.

잘 듣고 따라
읽어 보세요.

옛사람들의 마음을 담은 그림

여러분, 안녕하세요. 저는 이곳 미술관에서 그림을 설명해 주는 일을 하고 있는 사람입니다. 여러분은 이런 그림을 본 적이 있나요? 이 그림은 옛날에 이름이 알려지지 않은 사람들이 그렸던 그림입니다. 보통 사람들의 생활 모습을 그렸다고 해서 민화라고 해요.

그림에서 보이는 것들을 말해 볼까요? 네, 호랑이, 까치, 소나무가 보이죠? 그래서 이런 그림을 '까치호랑이그림'이라고 한답니다.

옛날에는 새해가 되면 집에 '까치호랑이그림'을 걸었다고 합니다. 서로에게 선물을 하기도 했고요. 왜 그랬을까요? '까치호랑이그림'을 걸어 두면 나쁜 일이 일어나지 않을 거라고 생각했기 때문입니다. 옛날 사람들은 아침에 까치가 울면 좋은 일이 일어난다고 생각했대요. 또 호랑이가 귀신을 쫓아낸다고 생각했답니다.

이제 그림 속 호랑이가 어때 보이나요? 우리를 지켜 준다고 생각하면 친구 같지 않나요? 집에 돌아가면 '까치호랑이그림'을 한번 그려 보세요.

글의 내용 **이해하기**

1 이 글의 내용으로 알맞지 <u>않은</u> 것은 무엇입니까? (   )

① 까치호랑이그림은 옛날 사람들이 그렸던 그림입니다.

② 옛날 사람들은 호랑이가 귀신을 쫓아 준다고 믿었습니다.

③ 옛날 사람들은 까치호랑이그림을 선물로 주고받았습니다.

④ 옛날에는 새해에 까치호랑이그림을 집에 걸기도 했습니다.

⑤ 요즘 사람들은 호랑이가 우리를 지켜 준다고 믿고 있습니다.

세부 내용 **이해하기**

2 이 글의 '까치호랑이그림'에 나와 있지 <u>않은</u> 것을 모두 찾아보세요. (   )

① 참새   ② 까치   ③ 호랑이

④ 고양이   ⑤ 소나무

전체 내용 **구성하기**

3 마인드맵 이 글의 내용을 정리한 마인드맵입니다. 빈칸에 들어갈 알맞은 말을 쓰세요.

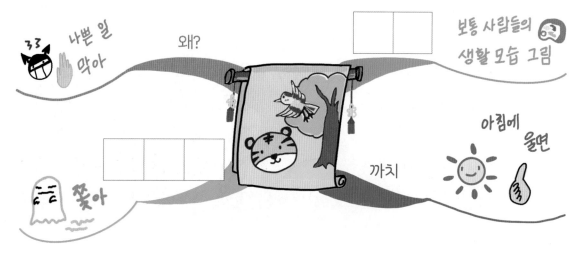

4 밑줄 친 '친구'는 누구를 가리키는 것입니까? (   )

> 이제 그림 속 호랑이가 어때 보이나요? 우리를 지켜 준다고 생각하면 <u>친구</u> 같지 않나요? 집에 돌아가면 '까치호랑이그림'을 한번 그려 보세요.

① 귀신   ② 까치   ③ 호랑이
④ 소나무   ⑤ 옛날 사람들

낱말 뜻 이해하기

5 다음 뜻에 해당하는 낱말을 이 글에서 찾아 쓰세요.

> 한 해가 다 가고 새로 시작되는 해.

내용 이해하고 활동하기

6 민화를 그린 옛사람들의 마음을 생각하며 '까치호랑이그림'을 색칠해 보세요.

어휘 살찌우기

낱말의 뒤에 '관'이 붙은 낱말을 알아보고 따라 써 봅니다.

관   '미술관'에서 글자 '관'은 낱말의 뒤에 붙어 '건물' 또는 '장소' 등의 뜻을 나타냅니다.

도	서	관

박	물	관

영	화	관

재미있는 속담 익히기

하룻강아지 범 무서운 줄 모른다

'범'은 호랑이를 뜻하는 우리말이에요. 그리고 '하룻강아지'의 '하룻'은 말이나 개 등과 같은 동물의 '한 살'을 가리키는 옛말입니다.

한 살짜리 강아지가 호랑이 무서운 줄 모르고 덤비면 어떻게 될까요?

이 속담은 아무 힘도 없으면서 철없이 함부로 나서다가 크게 당한다는 뜻을 담고 있지요.

＊하룻: 나이가 한 살된 소, 말, 개 따위를 이르는 '하릅'에서 온 말.

속담을 따라 써 봅니다.

하	룻	강	아	지		범		무	서	운		줄

모	른	다										

2주차

5회

STEAM
과학을 바탕으로 한 융합 독해

화장실을 깨끗하게 지켜 줄게요.

쉿! 내 이야기를 들어 봐!

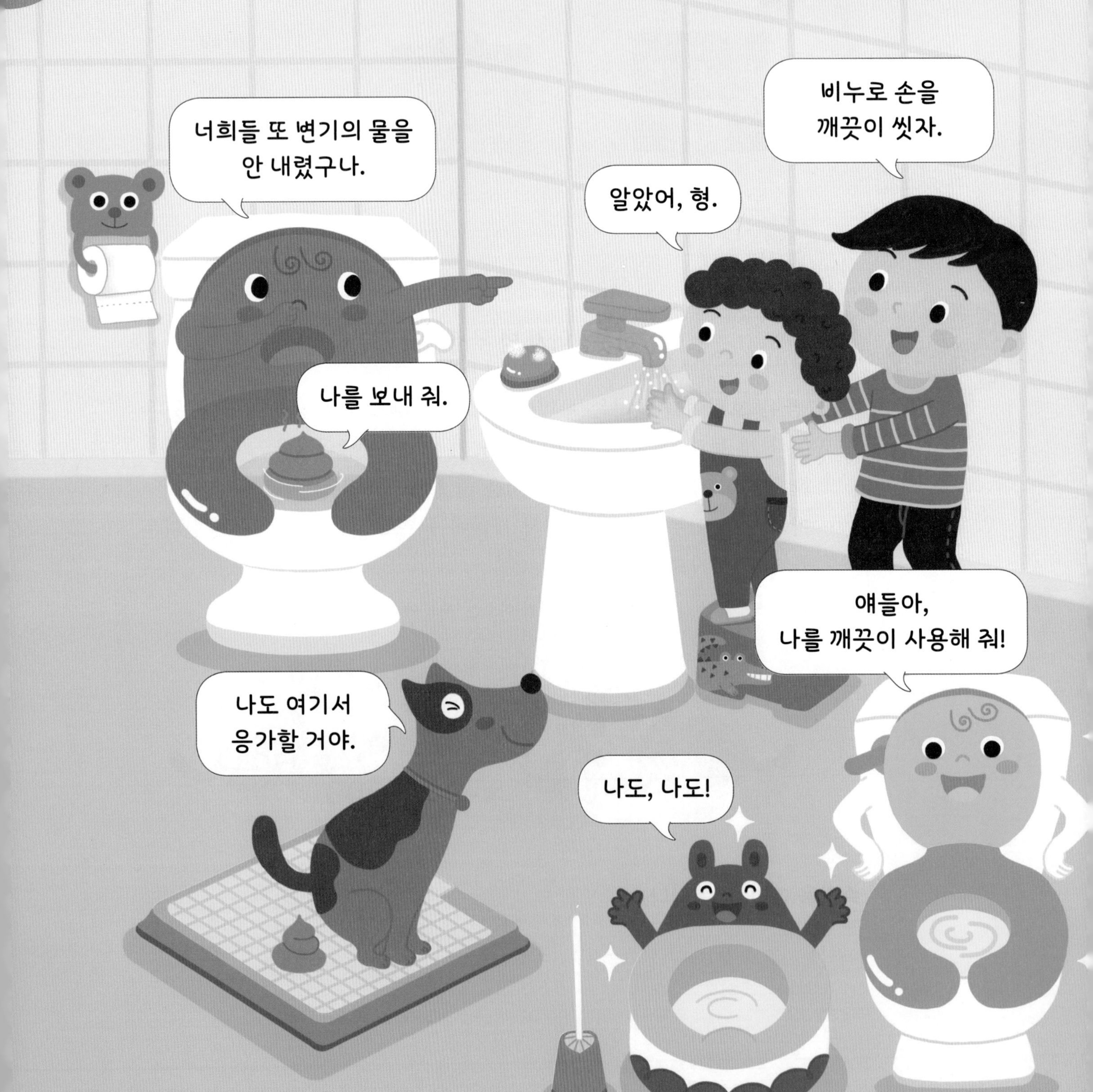

화장실

화 장 실   화 장 실

똥이나 오줌을 누고 손 등을 씻는 곳.
(예) 화장실을 깨끗이 사용하자!

화장실을
변소라고도 해.

변기

변 기   변 기   변 기

똥이나 오줌을 누도록 만든 기구.
(예) 변기에 오래 앉아 있지 마!

변기통이라는 말도
같은 뜻이야.

거름

거 름   거 름   거 름

곡식이 잘 자라도록 땅에 주는 영양분.
(예) 감자를 키우는 밭에 거름을 주었다.

요즘은 똥으로 만든
거름 대신 공장에서
만든 비료를 뿌려 줘.

알고 있니?   코끼리 똥으로 종이를 만들어요

너는 몸집은 큰데
풀과 열매만 먹는구나.

응, 나는
이게 맛있어.

너는 내 똥을 가져다
뭐 하니?

응, 종이를
만들려고 해.

어떻게?

코끼리 똥을 햇볕에 말리고,
말린 똥을 삶아.

그런 다음
종이를 만들지.

코끼리 똥으로 만든 종이에는
이런 표시를 해.

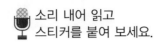 소리 내어 읽고
스티커를 붙여 보세요.

 잘 듣고 따라
읽어 보세요.

쉿! 내 이야기를 들어 봐!

"급하다, 급해."

㉠나는 후다닥 화장실로 뛰어들어 갔어.

변기에 앉아서 똥을 뿌지직 누었지.

똥을 누는 동안 심심해서 변기에게 말을 걸었어.

"너는 똥이 더럽지 않니?"

"똥은 더러운 게 아니야. 옛날에는 거름으로 사용할 정도로 귀한 것이었어. 나도 똥 덕분에 너랑 만날 수 있잖아?"

"너는, 너 자신이 좋아? 없어지고 싶지 않니?"

"없어지고 싶지 않아. 나는 사람들에게 꼭 필요한 것이니까. 그리고 사람들이 나를 보고 웃으면 기분이 좋아."

"너를 더럽게 하는 사람들에게 하고 싶은 말이 있니?"

"나를 사용한 후에는 꼭 깨끗하게 정리해 주면 좋겠어."

이야기를 하다 보니 똥을 다 누었어. ㉡물을 내리고 뒷정리를 깨끗하게 한 후 화장실을 나왔어.

'화장실이 없었던 옛날에는 어디에서 똥을 누었을까?'

궁금해서 화장실에 관한 책을 찾아보았어.

그런데 배가 또 아프기 시작하더니 '뿡' 방귀가 나오는 거야.

나는 다시 후다닥 화장실로 달려갔지.

글의 내용 이해하기

1 이 글을 읽고 든 생각으로 알맞지 <u>않은</u> 것은 무엇입니까? (   )

① 소아: 화장실은 우리에게 꼭 필요한 곳이야.

② 은실: 옛날에는 사람들이 똥을 귀하게 생각했대.

③ 주연: 변기는 사람들이 오는 것을 좋아하지 않아.

④ 보인: 나도 일을 다 본 후에는 뒷정리를 잘 해야겠어.

⑤ 아현: 나도 옛날 사람들은 어디에서 똥을 누었는지 알아보고 싶어.

세부 내용 이해하기

2 ㉠에서 '나'가 후다닥 화장실로 뛰어들어 간 까닭은 무엇입니까? (   )

① 심심해서

② 똥을 누기 위해서

③ 변기에 앉아 보고 싶어서

④ 변기와 대화를 하기 위해서

⑤ 화장실을 깨끗하게 정리하려고

 글의 내용 적용하기

3 ㉡과 관련하여 다음 빈칸에 들어갈 알맞은 말을 쓰세요.

화장실에 갔더니 다음과 같은 쪽지가 붙어 있었습니다.

볼일을 다 본 후에는 반드시

◻ 을/를 내려 주세요.

4 ㉠과 ㉡의 상황에서 '나'의 마음은 달랐을 것입니다. ㉠과 ㉡에 어울리는 마음을 나타내는 말에 ○표 하세요.

(1)

㉠ 나는 후다닥 화장실로 뛰어들어 갔어.

급해!	
미안해!	

(2)

㉡ 물을 내리고 뒷정리를 깨끗하게 한 후 화장실을 나왔어.

귀찮아!	
상쾌해!	

5 다음 글을 읽고, 빈칸에 공통으로 들어갈 알맞은 말을 이 글에서 찾아 쓰세요.

> 곡식이 잘 자라려면 ☐☐ 을/를 주어야 합니다. ☐☐ 은/는 사람이나 동물의 똥과 볏짚 등을 섞어서 만듭니다. 그래서 옛날에는 똥이 귀한 대접을 받은 것입니다.

6 다음에서 말하는 밑줄 친 '나'는 누구인지 써 보세요.

청소하고 나온 쓰레기는 '나'에게 주세요.

더러운 휴지는 '나'에게 주세요.

'나'는 쓰레기를 담아 두는 통이에요.

어휘 살찌우기

화장실과 관련 있는 낱말을 따라 써 봅니다.

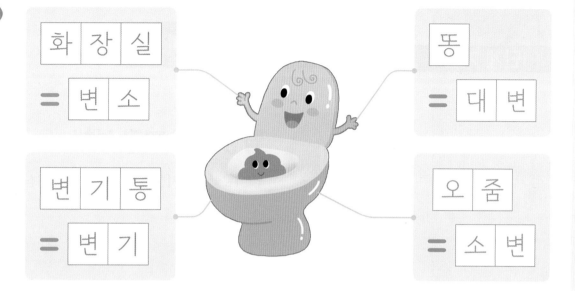

화	장	실

= 변소

변	기	통

= 변기

똥

= 대변

오	줌

= 소변

재미있는 속담 익히기

똥 묻은 개가 겨 묻은 개 나무란다

　자신의 잘못이나 흉*은 더 큰데 자신의 잘못이나 흉은 알지 못하고 도리어 남의 작은 잘못을 탓한다는 뜻입니다.

　반대로 '겨* 묻은 개가 똥 묻은 개 나무란다'는 흉이 있기는 마찬가지이면서, 조금 덜한 사람이 더한 사람을 흉볼 때에 쓰는 말입니다.

　'겨'는 상대적으로 작은 흉을, '똥'은 상대적으로 큰 흉을 뜻합니다.

더러워. 네가 더 더러워.

*흉: 남에게 비웃음을 살 만한 일이나 행동.
*겨: 곡식을 찧을 때 떨어져 나온 껍질 부스러기.
*나무란다: 상대방의 잘못이나 부족한 점을 꼬집어 말한다.

속담을 따라 써 봅니다.

똥		묻	은		개	가		겨		묻	은
개		나	무	란	다						

어느 수준일까요?

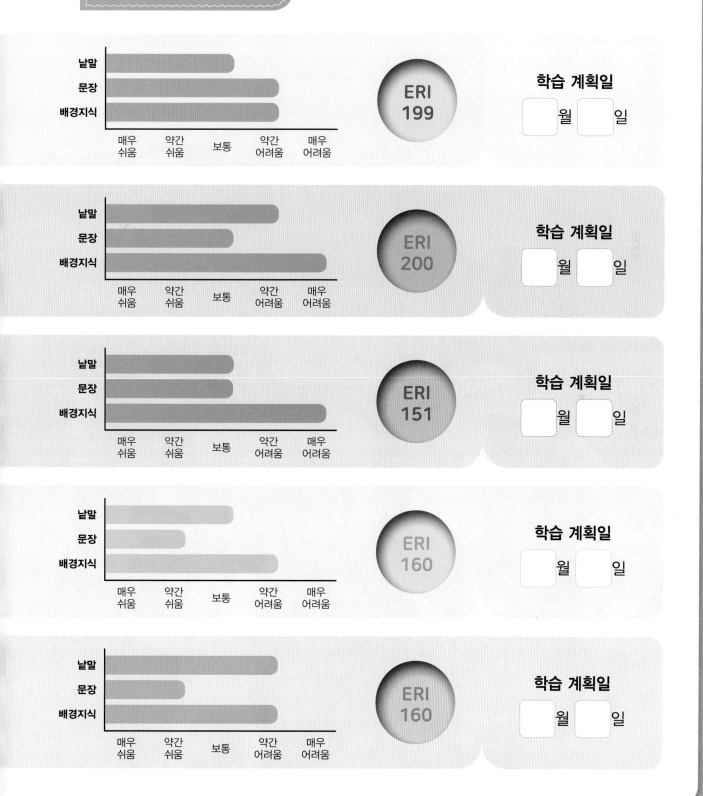

신기한 물건 때문이야? 욕심 때문이야?

빨강 부채 파랑 부채

배가 뚱뚱해져서
나갈 수가 없어.

먹을 것이 계속
나온다고 너무 많이
먹으니까 그렇지.

다 먹으면 이 그릇이 또
채워져. 정말 신기해!

얼른 나가.
약속 시간에 늦겠어.

부채

| 부 | 채 | 부 | 채 | 부 | 채 |

손에 잡고 흔들어 바람을 일으키는 도구.

예 너무 더워서 부채를 부쳤다.

부채를 부치는 일을 부채질이라고 해.

잔치

| 잔 | 치 | 잔 | 치 | 잔 | 치 |

축하할 일이 있을 때 음식을 차리고 손님을 불러 즐기는 일.

예 친구들과 생일잔치를 했어.

잔치 때 차리는 음식상을 잔칫상 이라고 하지.

기둥

| 기 | 둥 | 기 | 둥 | 기 | 둥 |

건물의 위쪽 부분이나 위에 있는 물건을 떠받치기 위해 곧게 세운 긴 물건.

예 튼튼한 기둥이 세워졌어.

중요한 역할을 하는 사람도 기둥이라고 해.

알고 있니? 시원한 바람이 나오는 부채

부채는 손으로 흔들어 바람이 나오게 하는 물건입니다. 더운 여름에 부채를 부치면 시원해요. 그런데 옛날에는 부채가 귀한 물건이었어요. 임금님은 여름이 시작되는 단옷날이 되면 신하들에게 부채를 선물했지요.

우리 조상들은 부채를 더위를 물리치는 데에만 쓴 게 아니었어요. 비가 올 때는 우산 대신 부채를 쓰기도 하고, 파리나 모기를 쫓을 때도 부채를 썼어요. 신랑이 결혼할 때 얼굴을 가리는 것으로 쓰기도 했어요.

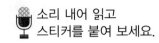

🎙 소리 내어 읽고
스티커를 붙여 보세요.

잘 듣고 따라
읽어 보세요.

빨강 부채 파랑 부채

나무꾼이 산속에서 부채 두 개를 주웠어요.

코에 대고 부치면[*]코가 ㉠길어지는 빨강 부채와

코가 짧아지는 파랑 부채였지요.

마을로 내려왔을 때 부잣집에선 잔치가 벌어지고 있었어요.

'나만 빼놓고 잔치를 하다니, 가난하다고 무시하는군.'

나무꾼은 부자한테 몰래 다가가 빨강 부채를 부쳤어요.

그러자 부자의 코가 쭉 늘어났지요.

"아이고, 내 코야. 누가 내 코 좀 고쳐 주시오."

나무꾼은 얼른 파랑 부채로 부자의 코를 고쳐 주었어요.

그래서 큰돈을 받아 부자가 되었지요.

나무꾼은 빨강 부채를 계속 부치면 자기 코가 얼마나 길어질지 궁금해졌어요.

빨강 부채를 계속 부치자 나무꾼의 코가 하늘나라까지

닿았어요.

하느님이 그걸 보고 화가 났어요.

"여봐라, 저 못생긴 물건이 무엇이냐? 기둥에 묶어라!"

코가 묶이자 나무꾼은 깜짝 놀라 파랑 부채를 계속 부

쳤어요.

그러자 몸이 하늘 위로 둥둥 떠올랐지요.

"이제 그만 끈을 풀어라."

하느님이 말했어요.

선녀들이 끈을 풀자 나무꾼은 땅으로 떨어졌답니다.

*부치면: (부채를) 흔들어 바람을 일으키면.

글의 내용 이해하기

1 이 글의 내용으로 알맞은 것은 무엇입니까? (   )

① 빨강 부채를 부치면 코가 짧아집니다.

② 파랑 부채를 부치면 코가 길어집니다.

③ 나무꾼은 부잣집 잔치에 초대를 받았습니다.

④ 나무꾼은 부자의 코를 고쳐 주고 큰돈을 받았습니다.

⑤ 하늘나라까지 닿은 나무꾼의 코를 보고 하느님은 상을 주셨습니다.

세부 내용 이해하기

2 나무꾼이 산속에서 주운 것 두 개는 무엇무엇인지 이 글에서 찾아 쓰세요.

☐☐ ☐☐와 ☐☐ ☐☐

세부 내용 이해하기

3 나무꾼이 자기 코에 대고 빨강 부채를 계속 부친 까닭은 무엇입니까? (   )

① 코가 간지러웠기 때문입니다.

② 코가 너무 작았기 때문입니다.

③ 더워서 코에 땀이 났기 때문입니다.

④ 코가 얼마나 길어질지 궁금해졌기 때문입니다.

⑤ 하늘나라로 가서 하느님을 만나고 싶었기 때문입니다.

4 ㉠'길어지는'과 반대의 뜻을 가진 낱말을 이 글에서 찾아 쓰세요.

내용 이해하고   추론하기

5 우리를 따뜻하게 해 주는 것과 시원하게 해 주는 것을 보기 에서 찾아 쓰세요.

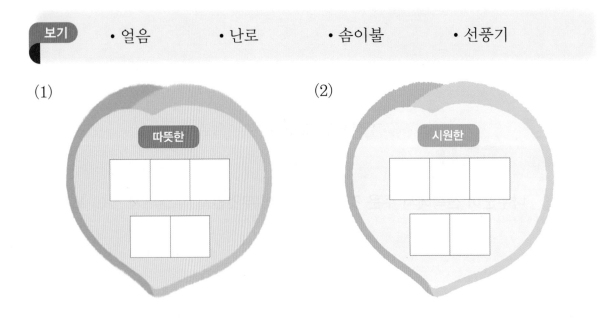

보기   • 얼음   • 난로   • 솜이불   • 선풍기

(1) 따뜻한

(2) 시원한

내용 이해하고   활동하기

6 스티커 두 마리의 코끼리에게 도움을 주려고 합니다. 어떤 부채를 부쳐 주어야 할지 알맞은 스티커를 찾아 붙여 보세요.

(1)

(2)

흐리게 쓴 글자는 따라 쓰세요.

헷갈리는 말

'부치다'와 '붙이다'는 글자는 다르지만 소리 내어 읽을 때 같은 소리가 납니다. 낱말의 정확한 뜻을 알아보고 따라 써 봅니다.

부치다

'부치다'는 '흔들어 바람을 일으키다.'라는 뜻입니다.

⑨ 부채를 부치다.

부	치	다
부	쳐	서

부	쳤	습	니	다

붙이다

'붙이다'는 '물건이 서로 붙게 하다.'라는 뜻입니다.

⑨ 우표를 붙이다.

붙	이	다
붙	여	서

붙	였	습	니	다

잘못 쓰기 쉬운 말

낱말을 쓸 때 잘못 쓰기 쉬운 낱말이 있습니다. 바르게 쓴 낱말을 잘 보고 따라 써 봅니다.

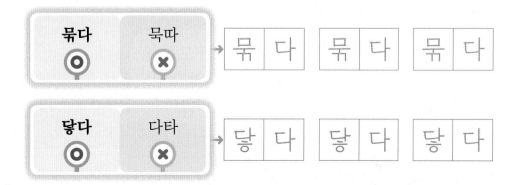

묶다 ◉   묵따 ✖

묶	다	묶	다	묶	다

닿다 ◉   다타 ✖

닿	다	닿	다	닿	다

후추

후 추   후 추   후 추

후추나무의 열매, 음식의 양념으로 씀.
예 국에 소금과 후추를 뿌려 먹었어.

음식의 맛을 더 좋게 하는 것을 향신료라고 해.

척

척   척   척

배를 세는 단위.
예 바다 위에 배 세 척이 떠 있어.

배는 한 척, 두 척, 세 척으로 세야 해.

섬

섬   섬   섬

주위가 바다로 둘러싸인 땅.
예 제주도는 우리나라에서 가장 큰 섬이야.

섬 이름에는 제주도, 독도처럼 끝에 도가 붙어.

알고 있니? 달걀을 똑바로 세워 봐!

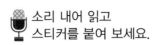
소리 내어 읽고
스티커를 붙여 보세요.

잘 듣고 따라
읽어 보세요.

콜럼버스가 도착한 땅은 어디일까?

유럽 사람들은 후추를 좋아했어요.

하지만 후추는 너무 비쌌어요.

먼 나라에서 가져와야 했기 때문이에요.

그래서 후추를 가져와 팔고 싶어 하는 사람들이 많았어요.

후추를 팔면 돈을 많이 벌 수 있었거든요.

콜럼버스도 그중 한 사람이었어요.

"그래! 후추가 많이 나는 땅을 찾아가자!"

콜럼버스는 배를 타고 가기로 했어요.

1492년 8월, 콜럼버스는 세 척의 배를 타고 떠났어요.

후추가 많이 나는 곳을 찾아간 거예요.

마침내, 콜럼버스는 어느 섬에 도착했어요.

그런데 그 섬은 후추가 많이 나는 땅이 아니었어요.

그곳은 그동안 유럽 사람들이 모르던 새로운 땅이었지요.

1 빈칸에 들어갈 알맞은 말을 이 글에서 찾아 쓰세요.

유럽 사람들은 [ ][ ]을/를 좋아했습니다.

세부 내용 이해하기

2 콜럼버스는 배를 타고 어떤 땅을 찾아가려고 했습니까? (   )

① 깨가 많이 나는 땅

② 파가 많이 나는 땅

③ 고추가 많이 나는 땅

④ 마늘이 많이 나는 땅

⑤ 후추가 많이 나는 땅

낱말 뜻 이해하기

3 보기 를 보고 배의 수를 세는 단위는 무엇인지 이 글에서 찾아 쓰세요.

보기

사과 두 [개]   사람 두 [명]

배 세 [ ]

4 보기 의 낱말 뜻을 보고, 빈칸에 들어갈 알맞은 말을 골라 써 보세요.

> 보기
> • 발명: 세상에 없던 물건을 처음 만들어 내는 것.
> • 발견: 아직 알려지지 않은 것을 찾아내는 것.

콜럼버스는 그동안 유럽 사람들이 모르던 새로운 땅을 ☐☐ 한 것입니다.

내용 이해하고 적용하기

5 유럽에서 후추가 비쌌던 이유를 바르게 말한 친구에 ○표 하세요

(1) 후추를 파는 사람이 너무 많았기 때문이야.

( )

(2) 아주 먼 나라에서 후추를 가져와야 했기 때문이야.

( )

(3) 후추가 많이 나는 땅은 모두 부자들이 차지했기 때문이야.

( )

내용 이해하고 활동하기

6 **스티커** 콜럼버스는 유럽 사람들이 모르는 새로운 땅에 도착했습니다. 비어 있는 곳에 알맞은 스티커를 붙여 퍼즐을 완성해 보세요.

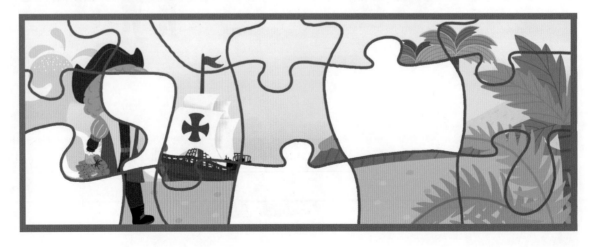

어휘 살찌우기

'후추'와 같이 음식의 맛을 좋게 하기 위하여 쓰는 양념에는 어떤 것들이 있는지 알아보고 따라 써 봅니다.

반대말

반대말을 잘 보고 따라 써 봅니다.

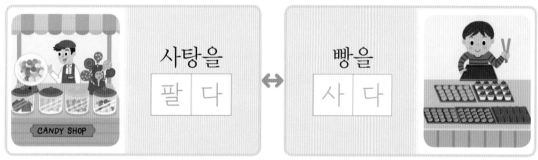

3주차

3회

과학 | 자연

힘이 갑자기 바뀌면 어떻게 될까?

손잡이를 꼭 잡으세요!

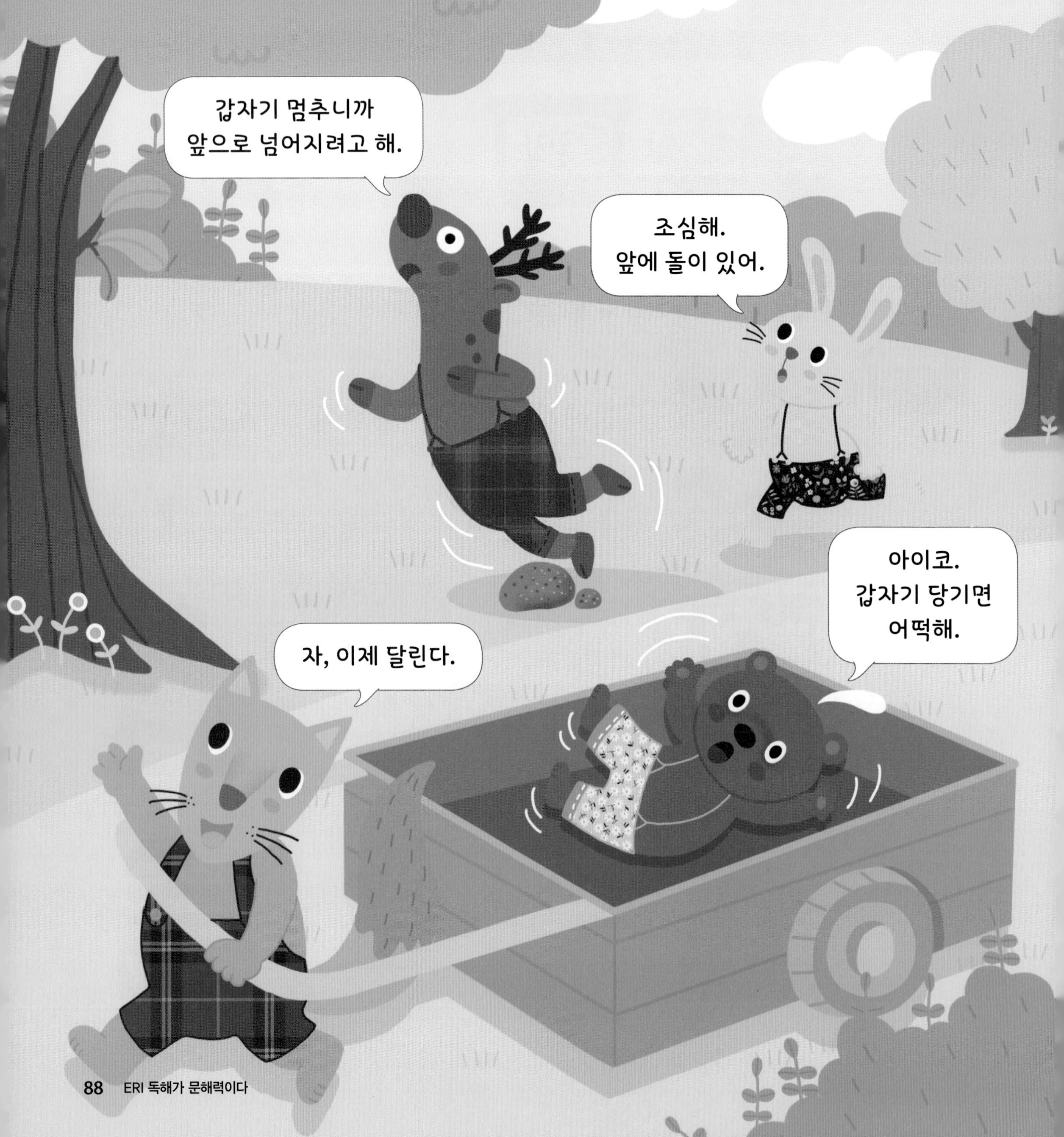

버스

버 스 버 스 버 스

많은 사람이 함께 타는 큰 자동차.

㉖ 나는 버스를 타고 학교에 간다.

버스가 사람을 태우거나
내려 주는 곳을 **버스 정류장**
이라고 해.

기사

기 사 기 사 기 사

직업으로 버스, 배, 기차 등을 운전하는 사람.

㉖ 버스 기사님이 안전하게 운전하셨어.

기사는 운전사를
높여 부르는 말이야.

손잡이

손 잡 이 손 잡 이

손으로 어떤 것을 열거나 들거나 붙잡을 수
있게 만들어 놓은 부분.

㉖ 버스 손잡이를 꼭 잡아.

문의 손잡이는
문손잡이라고도 하지.

 알고 있니? **동전은 어떻게 될까?**

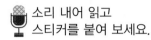

소리 내어 읽고
스티커를 붙여 보세요.

잘 듣고 따라
읽어 보세요.

손잡이를 꼭 잡으세요!

나는 아빠와 함께 버스를 탔어요. 그리고 버스 뒤쪽 빈자리에 나란히 앉았어요.

버스 안에 어떤 사람은 자리에 앉아 있고, 어떤 사람은 서 있어요.

"버스 손잡이를 꼭 잡으세요."

버스 기사님께서 말씀하셨어요.

버스가 출발하자 나와 아빠의 몸이 뒤로 기울어졌어요.

얼마 후 달리던 버스가 갑자기 멈추었어요. 이번에는 나와 아빠의 몸이 앞으로 기울어졌어요.

서 있던 아저씨가 버스 앞쪽으로 넘어지셨어요.

"죄송합니다. 갑자기 고양이가 버스 앞으로 지나갔어요."

버스 기사님께서 말씀하셨어요.

넘어졌던 아저씨는 손을 털고 일어나셨어요.

"괜찮습니다. 제가 손잡이를 잡지 않고 있었어요."

"아빠, 왜 앞으로 가던 버스가 갑자기 멈추면 몸이 앞으로 기울어져요?"

나는 아빠께 여쭈어보았어요.

"물체*가 움직이다가 갑자기 멈추면 물체는 움직이던 쪽으로 계속 움직이려고 하기 때문이야. 그리고 우리 몸도 그래."

아빠가 대답해 주셨어요.

"넘어지지 않으려면 손잡이를 꼭 잡아야겠어요."

*물체: 어떤 모양을 가지고 있는 물건.

글의 내용 이해하기

1 이 글의 내용으로 알맞지 <u>않은</u> 것은 무엇입니까? (   )

① 나와 아빠는 버스를 탔습니다.

② 나와 아빠는 버스에 나란히 서 있었습니다.

③ 내가 버스에 탔을 때 빈자리가 있었습니다.

④ 버스 기사님께서 넘어진 아저씨께 사과하셨습니다.

⑤ 버스 기사님께서 버스 손잡이를 잡으라고 하셨습니다.

세부 내용 이해하기

2 버스가 갑자기 멈추었을 때 서 있던 아저씨가 넘어진 까닭은 무엇입니까? (   )

① 아저씨가 버스 맨 뒤쪽에 앉아 있었기 때문입니다.

② 아저씨가 손잡이를 잡지 않고 서 있었기 때문입니다.

③ 아저씨가 자리에 앉으려고 움직이고 있었기 때문입니다.

④ 아저씨가 버스 기사님께 인사를 하고 있었기 때문입니다.

⑤ 아저씨가 휴대폰으로 다른 사람과 통화하고 있었기 때문입니다.

전체 내용 구성하기

3
마인드맵 이 글의 내용을 정리한 마인드맵입니다. 빈칸에 들어갈 알맞은 말을 쓰세요.

4 달리던 버스가 갑자기 멈춘 까닭은 무엇입니까? ( )

① 신호등이 바뀌었기 때문입니다.

② 다른 차가 끼어들었기 때문입니다.

③ 버스 정류장에 다 왔기 때문입니다.

④ 버스 앞으로 고양이가 지나갔기 때문입니다.

⑤ 버스 기사님이 운전을 잘하지 못하기 때문입니다.

5 버스 손잡이를 꼭 잡아야 하는 이유로 가장 알맞은 것은 무엇입니까? ( )

① 버스 손잡이가 많기 때문입니다.

② 버스 손잡이가 예쁘기 때문입니다.

③ 버스에 앉는 것이 불편하기 때문입니다.

④ 버스 기사님께서 화를 내시기 때문입니다.

⑤ 버스에서 넘어지지 않도록 하기 때문입니다.

내용 이해하고 활동하기

6 **스티커** 버스에서 손잡이를 잡지 <u>않은</u> 동물은 어떻게 될까요? 스티커를 찾아 붙여 보세요.

출발함

갑자기 멈춤

잘못 쓰기 쉬운 말

뒤에 '히'가 붙는 낱말을 잘 보고 따라 써 봅니다.

나란히 ◉	나란이 ✕

→ 나 란 히   나 란 히

열심히 ◉	열심이 ✕

→ 열 심 히   열 심 히

조용히 ◉	조용이 ✕

→ 조 용 히   조 용 히

천천히 ◉	천천이 ✕

→ 천 천 히   천 천 히

정확히 ◉	정확이 ✕

→ 정 확 히   정 확 히

재미있는 우리말 익히기

'앉다', '서다'와 관련지어 생활 속에서 자주 쓰이는 말을 알아보고 따라 써 봅니다.

앉으나 서나

놀기만 하고 공부를 안 할 때 부모님께 "앉으나 서나 놀 생각만 하니?"라는 말을 들었던 경험이 있나요?

'앉으나 서나'라는 말은 앉아 있든지 서 있든지 상관하지 않고 '언제나 늘, 어떤 상황에서나'라는 뜻으로 쓰이는 말입니다.

앉 으 나   서 나   앉 으 나   서 나

태권도를 배우고 싶어요

태권도는 몸과 마음을 건강하게 해 줘요.

엄마, 이건 무슨 옷이에요?

엄마가 태권도 배울 때 입었던 거야.

아빠도 태권도 잘해. 잘 봐. 얍!

엄마가 태권도를 배우셨대요 아빠는요?

그림으로 배우는 어휘

운동

운 동　운 동　운 동

건강을 위하여 몸을 움직이는 일.
예 적당한 운동은 건강에 좋다.

일정한 규칙에 따라
겨루는 일은 **운동 경기**야.

주먹

주 먹　주 먹　주 먹

손가락을 모두 모아 쥔 손.
예 나는 주먹을 불끈 쥐었다.

주먹 모양으로 둥글게
뭉친 밥을 **주먹밥**이라고 해.

공격

공 격　공 격　공 격

운동 경기 따위에서 상대편을 이기기 위한
적극적인 행동.
예 서로 발로 공격을 했어.

주로 공격을 하는
선수를 **공격수**라고 해.

 알고 있니?　힘을 겨루는 운동, 씨름!

　씨름은 두 사람이 허리에 감은 샅바를 잡고 힘을 겨루는 운동입니다. 모래판 위에서 서로 힘과 기술을 써서 상대방을 먼저 쓰러뜨리는 쪽이 이깁니다.

　옛날 왕의 무덤 벽에 그려진 그림을 보면 씨름하는 장면이 있습니다. 아주 옛날부터 사람들은 씨름을 즐겼던 것입니다.

　농사를 짓던 옛날에는 힘세고 일 잘하는 황소가 가장 큰 재산이었습니다. 그래서 씨름에서 이긴 천하장사에게는 황소 한 마리를 선물로 주었습니다.

　지금도 씨름은 우리가 즐기는 민속놀이이자 운동 경기입니다.

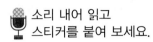
소리 내어 읽고
스티커를 붙여 보세요.

잘 듣고 따라
읽어 보세요.

태권도를 배우고 싶어요

태권도를 배우고 싶어 태권도장에 갔어요. 태권도를 가르치는 선생님께서 친절하게 태권도에 대하여 알려 주셨어요.

"태권도는 주로 손과 발로 하는 운동이야. 주먹을 뻗고, 발로 차는 동작을 하는 거 본 적 있지? 이렇게 주먹을 지르고, 힘차게 발로 차면서 운동을 해. 이런 운동을 통해 몸과 마음을 바르게 닦는 거야."

"주먹을 지르는 게 뭐예요?"

"'지르기'는 주먹을 쥐고 앞으로 뻗는 것을 말해. 겨루기를 할 때 많이 하는 기술이야. 겨루기 본 적 있니?"

"겨루기요? 겨루기는 뭔데요?"

"겨루기는 두 사람이 하는 시합이야. 두 사람이 겨루기를 할 때 지르기를 많이 해. 또 발로 차면서 공격을 하지. 공격할 때는 몸의 앞쪽에만 해야 해. 몸의 뒤쪽을 공격하는 것은 나쁜 행동이야. 얼굴을 공격하기도 하는데, 이 때는 주먹을 쓰면 안 돼. 다리를 들어서 발로만 하지."

선생님은 다리를 들어 발로 차는 동작을 해 보여 주셨어요.

선생님이 보여 주시는 동작을 보니 태권도가 참 멋진 운동이라는 생각이 들었어요.

태권도를 열심히 배워서 친구들에게 보여 주고 싶어요!

1 이 글의 내용으로 알맞지 <u>않은</u> 것은 무엇입니까? (   )

① 태권도는 주로 손과 발을 사용해서 하는 운동입니다.

② 태권도에서 두 사람이 하는 시합을 겨루기라고 합니다.

③ 태권도에서 겨루기를 할 때는 발로 차면서 공격을 합니다.

④ 태권도에서 겨루기를 할 때는 얼굴을 공격해서는 안 됩니다.

⑤ 태권도에서 겨루기를 할 때는 몸의 앞쪽만 공격을 해야 합니다.

글의 내용 적용하기

2 다음은 '태권도'라는 운동을 간단히 정리한 것입니다. 빈칸에 들어갈 알맞은 말을 쓰세요.

> 태권도는 [ ][ ]을/를 지르고, [ ](으)로 차면서 하는 동작이 많습니다. 이런 운동을 통해 몸과 마음을 바르게 닦는데, 태권도라는 말의 '도'에는 몸과 마음을 갈고 닦는다는 뜻이 담겨 있습니다.

글의 내용 적용하기

3 다음은 '태권도'에서 겨루기를 하는 장면입니다. 옳은 행동을 한 사람에 모두 ○표 하세요.

(1) (   )   (2) (   )   (3) (   )

4 '태권도'에서 겨루기를 할 때, 손으로 하는 다음 동작은 무엇인지 이 글에서 찾아 쓰세요.

주먹을 쥐고 앞으로 뻗는 동작.

 배경지식 활용하여 추론하기

5 다음 글을 읽고 빈칸에 들어갈 내용으로 알맞은 것에 ○표 하세요.

운동 종목은 예전부터 동물을 사냥하거나 나라를 지키기 위해 싸우는 기술에서부터 시작된 것이 많습니다. 옛날에는 지금처럼 도구나 무기가 발달하지 않았기 때문에 사람들은 자신의 몸을 사용한 운동을 하였습니다. 이 과정에서 태권도처럼   이 발달한 것입니다.

(1) 손과 발을 이용해 싸우는 기술　　　　　　　　　　　　　　　　(　　　)

(2) 도구나 무기를 이용하여 싸우는 기술　　　　　　　　　　　　(　　　)

 내용 이해하고 활동하기

6 태권도와 관련된 낱말을 따라 쓰고, 그림에 맞는 스티커를 찾아 붙여 보세요.
스티커

격	파

발	차	기

얼	굴	막	기

흐리게 쓴 글자는 따라 쓰세요.

잘못 쓰기 쉬운 말

낱말을 쓸 때 잘못 쓰기 쉬운 낱말이 있습니다. 바르게 쓴 낱말을 잘 보고 따라 써 봅니다.

| 뻗다 ◎ | 뻣다 ✖ | → | 뻗 | 다 | 뻗 | 다 |

| 겨루기 ◎ | 겨르기 ✖ | → | 겨 | 루 | 기 | 겨 | 루 | 기 |

| 안 돼 ◎ | 안 되 ✖ | → | 안 | | 돼 | 안 | | 돼 |

| 가르치다 ◎ | 가르키다 ✖ | → | 가 | 르 | 치 | 다 | 가 | 르 | 치 | 다 |

어휘 살찌우기

'운동'과 관련 있는 그림 속 낱말을 따라 써 봅니다.

운동장 운동 경기를 할 수 있는 넓은 장소.

| 운 | 동 | 장 | 운 | 동 | 장 |

운동화 운동할 때 신는 신발.

| 운 | 동 | 화 | 운 | 동 | 화 |

운동복 운동할 때 입는 옷.

| 운 | 동 | 복 | 운 | 동 | 복 |

1단계 기본 – 3주차 99

3주차

5회

STEAM
과학을 바탕으로 한 융합 독해

호기심 많은 물을 따라가 볼까?

통통! 물의 모험

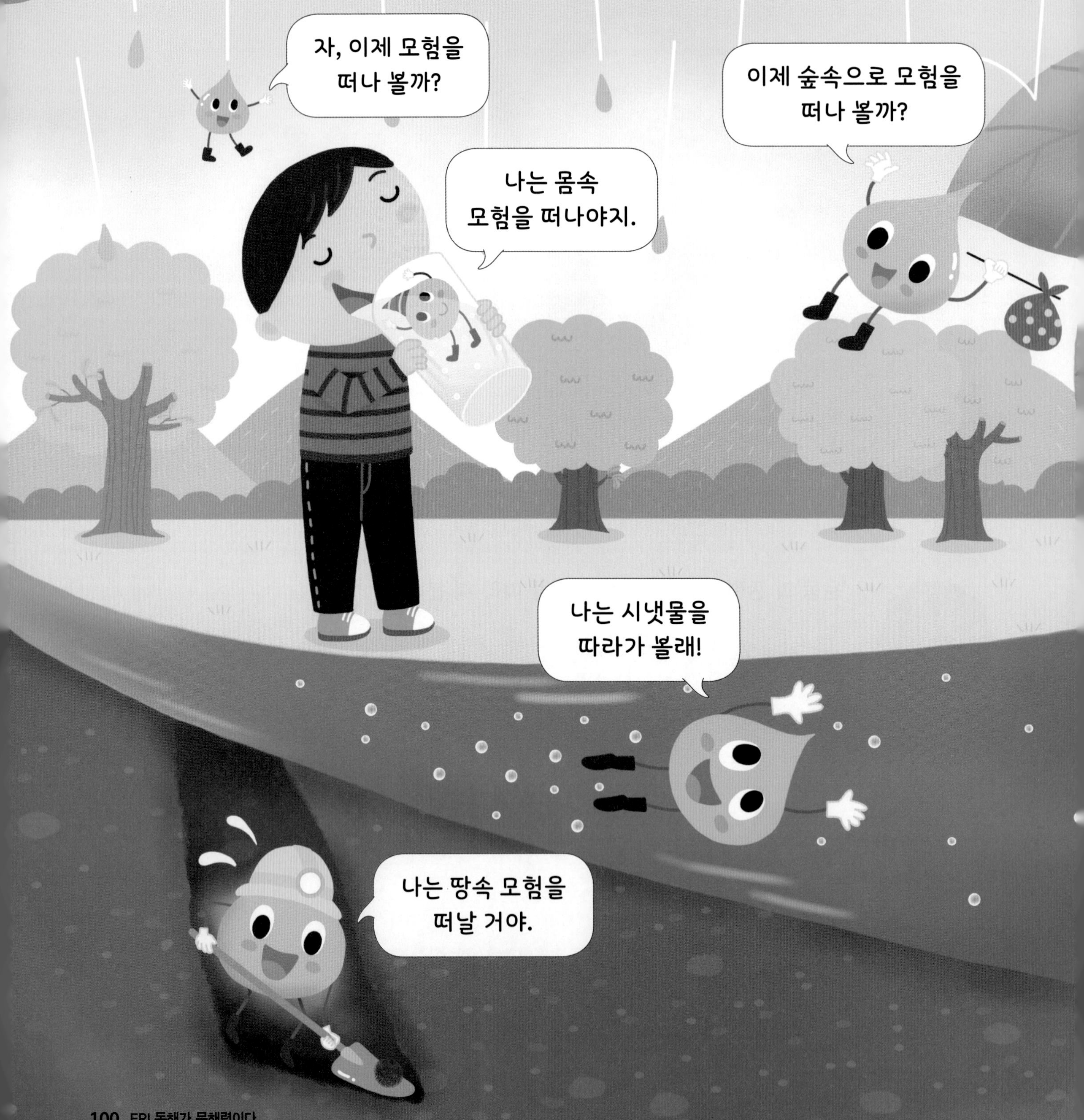

그림으로 배우는 어휘

흐리게 쓴 글자는 따라 쓰세요.

모험
모 험　모 험　모 험

위험할 수 있고, 힘들고 어려운 일을 참고 하는 것.
예) 나는 모험을 좋아해!

모험가는 모험을 좋아하는 사람을 말해.

연못
연 못　연 못　연 못

땅을 파거나 넓게 파여 있는 땅에 흐르는 물을 막아서 물을 가두어 놓은 곳.
예) 정원에 작은 연못이 있어.

연못을 줄여서 못이라고도 해.

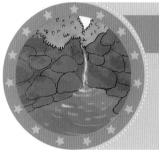

계곡
계 곡　계 곡　계 곡

산과 산 사이를 따라 가운데가 쑥 들어가 파인 곳에 물이 흐르는 골짜기.
예) 시원한 계곡으로 놀러 가고 싶어.

계곡을 따라 흘러가는 물은 계곡물이라고 해.

 알고 있니? **물은 정말 중요해요**

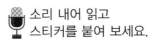

소리 내어 읽고
스티커를 붙여 보세요.

잘 듣고 따라
읽어 보세요.

통통! 물의 모험

안녕? 나는 물이야.

쉬지 않고 모험을 하지. 내가 얼마나 많은 모험을 했는지 들어 볼래?

난 처음에 구름이었어.

높은 곳에서 아래를 내려다보는 것을 좋아했어.

하늘을 둥둥 떠다니며 새로운 친구들도 만났지.

친구들과 함께 다니는데 몸이 점점 무거워졌어.

그래서 후두둑 비가 되어 아래로 떨어졌어.

으악! 아찔했어. 하지만 무사히 땅에 도착했지.

땅에서 처음 만난 것은 나뭇가지였어.

대롱대롱 매달려 있다가 달팽이를 만났지. 어찌나 느리던지 너무 답답했어. 달팽이 집에서 통통 튀어 풀잎 위로 내려왔지.

그러다 풀잎 사이로 흐르는 물줄기를 따라 작은 연못에 가게 되었어.

그곳에서 온 가족이 모여 신나게 노래 부르는 개구리들을 만났지.

나를 반겨 주는 노랫소리에 기분이 정말 좋았어.

신이 나서 통통 튀다가 계곡으로 가게 되었어.

그런데 물고기랑 놀다가 물고기 입속으로 쏙 들어갔지 뭐야.

갑자기 캄캄해져서 얼마나 무서웠는지 몰라.

물고기가 뻐끔 하고 입을 벌릴 때 쏜살같이 빠져나왔지.

'휴! 다행이다.'

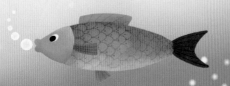

ERI지수 160 STEAM

102 ERI 독해가 문해력이다

글의 내용 **이해하기**

1 이 글에 나온 '물'에 대한 내용으로 알맞지 <u>않은</u> 것은 무엇입니까? (   )

① 쉬지 않고 모험을 했습니다.

② 개구리 가족을 만나서 기분이 좋았습니다.

③ 구름으로 있다가 비가 되어 내려왔습니다.

④ 물고기 입속으로 들어갔을 때 무서웠습니다.

⑤ 땅으로 내려와 달팽이를 처음으로 만났습니다.

세부 내용 **이해하기**

2 구름이 비가 되어 땅으로 떨어지게 된 까닭으로 알맞은 것은 무엇입니까? (   )

① 기분이 좋아서

② 달팽이랑 놀고 싶어서

③ 하늘에 너무 오래 떠다녀서

④ 물이 많이 모여 몸이 무거워져서

⑤ 물고기 입속에 들어가 보고 싶어서

글의 내용 **적용하기**

3 빈칸에 들어갈 알맞은 말을 이 글에서 찾아 쓰세요.

> ☐ 은/는 처음에 구름이었습니다. 그다음은 ☐ 이/가 되어 땅으로 내
>
> 려왔고 연못과 계곡까지 흘러가게 되었습니다.

4 물방울이 '나뭇가지에 매달려 있는 모양'을 나타내는 낱말을 이 글에서 찾아 쓰세요.

배경지식 활용하여 추론하기

5 다음 글을 읽고 나서 한 생각으로 알맞은 것에 ○표 하세요.

> 우리 몸은 약 70%가 물입니다. 평소에 목이 마르지 않더라도 조금씩 자주 물을 마시는 것이 건강에 좋습니다.
>
> 사람마다 다르지만 하루에 3~4컵 정도 마시는 것이 좋습니다.
>
> 하지만, 벌컥벌컥 급하게 마시는 것은 좋지 않습니다. 또 너무 차갑거나 너무 뜨거운 물을 마시는 것도 좋지 않습니다.

(1) 목이 마를 때만 차가운 물을 빨리 마셔야 해.　　　　　　　　　(　　)

(2) 따뜻하거나 미지근한 물을 천천히 마셔야겠어.　　　　　　　　(　　)

내용 이해하고 활동하기

6
스티커 다음은 이 글의 '물'이 모험한 순서입니다. 물이 모험한 순서대로 스티커를 찾아 붙여 보세요.

잘못 쓰기 쉬운 말

낱말을 쓸 때 잘못 쓰기 쉬운 낱말이 있습니다. 바르게 쓴 낱말을 잘 보고 따라 써 봅니다.

| 달팽이 ◉ | 달펭이 ✗ | → | 달 | 팽 | 이 | 달 | 팽 | 이 |

| 개구리 ◉ | 게구리 ✗ | → | 개 | 구 | 리 | 개 | 구 | 리 |

| 대롱대롱 ◉ | 데롱데롱 ✗ | → | 대 | 롱 | 대 | 롱 | 대 | 롱 | 대 | 롱 |

재미있는 속담 익히기

윗물이 맑아야 아랫물이 맑다

언니가 정리를 잘하니 동생도 잘하는구나!

윗사람이 잘해야 자연히 아랫사람도 잘한다는 말입니다.

물은 위에서 아래로 흐릅니다. 그래서 윗물이 맑으면 아랫물은 저절로 맑아지고, 윗물이 흐리면 아랫물은 저절로 흐려진다는 것이지요.

사람 사이에서도 윗사람이 잘하면 아랫사람은 자연히 이를 따라서 잘하게 된다는 말입니다.

속담을 따라 써 봅니다.

| 윗 | 물 | 이 | | 맑 | 아 | 야 | | 아 | 랫 | 물 | 이 |
| 맑 | 다 | | | | | | | | | | |

무엇을 배울까요?

1 회 순서를 지켜요

인문 | 문학 ★ 순서대로 들어가도 늦지 않아요.

2 회 시장이 생겼어요

사회 | 역사 ★ 어디로 가야 필요한 물건을 살 수 있지?

3 회 누구를 닮았을까?

과학 | 자연 ★ 잘 보면 우리는 서로 닮았어요.

4 회 동물을 흉내 낸 춤이 있어요

예술 | 문화 ★ 몸짓으로 동물을 흉내 내 봐요.

5 회 나무 덕분이에요

STEAM ★ 나무는 우리에게 많은 것을 주어요.

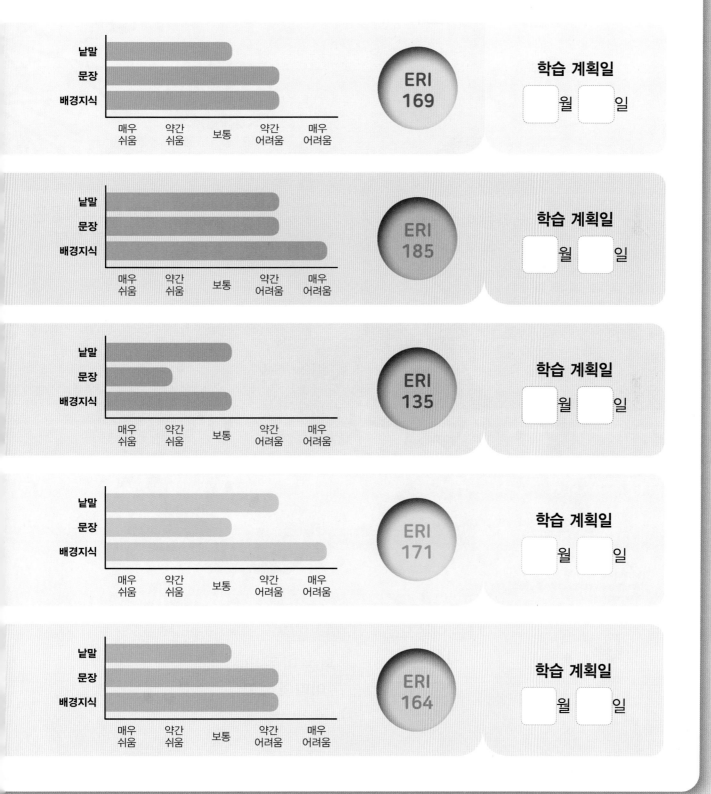

낱말
문장
배경지식

매우 쉬움 | 약간 쉬움 | 보통 | 약간 어려움 | 매우 어려움

ERI 169

학습 계획일

□ 월 □ 일

낱말
문장
배경지식

매우 쉬움 | 약간 쉬움 | 보통 | 약간 어려움 | 매우 어려움

ERI 185

학습 계획일

□ 월 □ 일

낱말
문장
배경지식

매우 쉬움 | 약간 쉬움 | 보통 | 약간 어려움 | 매우 어려움

ERI 135

학습 계획일

□ 월 □ 일

낱말
문장
배경지식

매우 쉬움 | 약간 쉬움 | 보통 | 약간 어려움 | 매우 어려움

ERI 171

학습 계획일

□ 월 □ 일

낱말
문장
배경지식

매우 쉬움 | 약간 쉬움 | 보통 | 약간 어려움 | 매우 어려움

ERI 164

학습 계획일

□ 월 □ 일

순서대로 들어가도 늦지 않아요.

순서를 지켜요

오리는 이쪽으로
오세요.

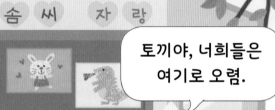

토끼야, 너희들은
여기로 오렴.

나는 이쪽으로
가야 해.

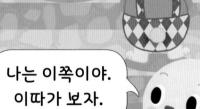

나는 이쪽이야.
이따가 보자.

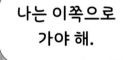

시합

시 합 시 합 시 합

재주를 겨루어 이기고 지는 것을 다투는 것.
예 오늘 야구 시합이 있어.

비슷한 말로
경기라고 해.

새치기

새 치 기 새 치 기

순서를 지키지 않고 줄의 중간에 끼어드는 것.
예 새치기를 하지 마세요!

비슷한 말로
끼어들기라고 해.

줄

줄 줄 줄

사람이나 물건이 길게 순서대로 늘어서는 것.
예 한 줄로 서세요!

하나의 줄로 서는 것을
한 줄 서기라고 해.

알고 있니? 뱀의 꼬리 이야기

뱀의 꼬리는 불만이 많았습니다.

왜 자기는 항상 뒤에 있어야 하느냐고 말입니다.

"꼬리야, 네가 앞장 선다면 길을 찾지 못해서 위험해질 거야."라고 머리가 타일렀지만 소용없었습니다. 어쩔 수 없이 머리는 꼬리에게 앞장서서 가 보라고 했습니다.

신이 난 꼬리는 앞장을 섰지만 길을 찾지 못해 바로 가시덩굴에 찔렸습니다.

"하마터면 큰일 날 뻔했어. 이제 내가 앞으로 갈게." 하고 머리가 말했지만 꼬리는

말을 듣지 않았습니다. 무작정 앞으로 기어가던 꼬리가 "앗! 뜨거." 하고 소리를 질렀습니다. 앞에 무엇이 있는지 알 수 없었던 꼬리가 불구덩이로 들어가고 있었던 겁니다. 놀란 머리가 피하려고 했지만 결국 불에 타서 죽었습니다. 꼬리가 자기 자리를 지키지 않아서 목숨을 잃은 것입니다.

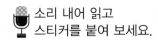
소리 내어 읽고
스티커를 붙여 보세요.

잘 듣고 따라
읽어 보세요.

순서를 지켜요

놀이공원에 갔는데 사람들이 정말 많았어요. 놀이 기구마다 순서를 기다리는 사람들이 길게 줄을 서 있었어요. 마치 어느 놀이 기구 앞에 줄이 더 긴지 시합을 하는 것 같았어요.

줄을 서서 기다리는 건 힘들었지만 우리는 정말 즐거웠어요. 우리 순서가 되어 신나게 범퍼카를 타고 회전목마도 탔어요. 다음에는 배를 타러 갔어요.

거기도 순서를 기다리는 줄이 엄청 길었어요. 우리 순서는 20번째였어요. 엄마 아빠가 줄을 서 있는 동안 동생과 나는 뛰어다니며 놀았어요. 그러자 엄마가 멀리 가면 위험하니까 같이 줄을 서 있어야 한다고 했어요.

그런데 우리 앞 줄에서 싸움이 났어요. 어떤 사람이 새치기를 했대요. 서로 큰 소리를 내며 무서운 얼굴로 싸웠어요. 큰일이 날 것 같아 무서웠어요.

그런데 이상한 것은 새치기를 한 사람은 자기 잘못을 모르는 걸까요? 미안하다고 하면 될 텐데 같이 소리를 지르고 있었어요. 앞쪽에서 줄을 서 있던 어린아이가 무서웠는지 앙앙 울었어요. 잠시 후, 직원 아저씨들이 달려왔어요. 싸우는 사람들을 직원 아저씨들이 데려갔어요.

새치기를 당한 사람은 너무 속상했을 거예요. 즐겁게 놀려고 왔다가 싸움을 했으니까요. 사람들이 많이 모이는 곳에서는 순서를 잘 지켜야겠어요.

1 이 글의 내용으로 알맞지 <u>않은</u> 것은 무엇입니까? (　　　　)

① 새치기를 한 사람이 있어서 큰 싸움이 났습니다.

② 놀이공원에는 사람들이 줄을 길게 서 있었습니다.

③ 가는 곳마다 줄을 서야 해서 하나도 즐겁지 않았습니다.

④ 싸움이 나자 앞쪽에 서 있던 어린아이가 엉엉 울었습니다.

⑤ 엄마 아빠가 줄을 서 있는 동안 나는 동생과 뛰어놀았습니다.

2 이 글의 내용을 정확하게 이해하지 <u>못한</u> 친구는 누구인지 이름을 쓰세요.

> 은실: 새치기를 당한 사람은 속상할 거야.
> 보인: 새치기를 하면 싸움이 날 수도 있겠어.
> 소아: 순서를 기다리는 동안에는 멀리 떨어진 곳에서 놀면 돼.
> 아현: 사람들이 많이 모이는 곳에서는 자기 순서를 지켜야 해.

(　　　　　　　　)

3 줄을 서 있던 사람들 사이에서 싸움이 일어난 까닭은 무엇입니까? (　　　　)

① 어린아이가 울어서

② 순서를 지키지 않아서

③ 직원 아저씨들이 와서

④ 사람들이 너무 떠들어서

⑤ 즐겁게 노래하며 줄을 서지 않아서

4 다음 글을 읽고, 빈칸에 들어갈 알맞은 말에 ○표 하세요.

> 놀이공원에 가면 놀이 기구를 타기 위해 길게 늘어선 (줄 , 순서)을/를 볼 수 있습니다.
> 만약에 줄을 서지 않는다면 누구 차례인지 알 수가 없을 것입니다.
> 즐겁게 놀이 기구를 타기 위해서는 우리 모두 (줄 , 순서)을/를 지키는 것이 중요합니다.

5 다음 중 줄을 서서 순서를 기다리지 <u>않아도</u> 되는 경우는 무엇입니까? (   )

① 극장에서 표를 살 때
② 휴게소의 공중화장실에 갈 때
③ 해수욕장에서 샤워장에 들어갈 때
④ 학교에 가기 위해 집 현관을 나설 때
⑤ 학교 도서관에서 도서 대출을 하려고 할 때

**6
스티커** 내가 좋아하는 놀이 기구 앞에 왔습니다. 그림에서 내가 가서 서야 할 자리는 어디인지 스티커에서 찾아 붙여 보세요.

어휘 살찌우기

'나는 호랑이가 무섭다.'와 '나는 호랑이가 무서워.'를 보면 같은 뜻인데 '무섭다'와 '무서워'로 쓰였습니다. 낱말을 잘 보고 따라 써 봅니다.

| 무 | 섭 | 다 | – | 무 | 서 | 워 | – | 무 | 서 | 워 | 요 |

| 즐 | 겁 | 다 | – | 즐 | 거 | 워 | – | 즐 | 거 | 워 | 요 |

| 부 | 럽 | 다 | – | 부 | 러 | 워 | – | 부 | 러 | 워 | 요 |

| 그 | 립 | 다 | – | 그 | 리 | 워 | – | 그 | 리 | 워 | 요 |

재미있는 속담 익히기

방귀 뀐 놈이 성낸다

자기가 방귀를 뀌고 미안하다고 사과하기는커녕 오히려 냄새 난다고 성*을 낸다는 뜻입니다.

잘못을 저지른 쪽에서 오히려 아무 잘못 없는 남에게 화를 내는 것을 나쁘게 보고 하는 말이에요.

*성: 화를 낸다는 말.

아, 방귀 냄새. 빨리 창문 열어.

방귀는 오빠가 뀌었잖아.

속담을 따라 써 봅니다.

| 방 | 귀 | | 뀐 | | 놈 | 이 | | 성 | 낸 | 다 | |

어디로 가야 필요한 물건을 살 수 있지?

시장이 생겼어요

옷

신발

그릇

분

나는 오징어를 사고
무를 사야 해.

오징어
무

3개
5,000원

나는 사과를 먼저
사러 갈 거야.

사과
김밥

나는 바지하고
운동화를 사야 해.
어디로 가야 하지?

저쪽에 있어.
같이 가자.

물건을 다 사면
여기로 모이자.

양말
그릇

바지
운동화

시장

여러 가지 상품을 사고파는 곳.

예 엄마는 시장에서 과일을 사 오셨다.

슈퍼마켓이나 백화점도 시장과 비슷한 곳이야.

장소

어떤 일이 이루어지거나 일어나는 곳.

예 약속 장소가 어디였지?

장소에서 '장'은 마당, 곳이라는 뜻이 있어.

값

사고파는 물건에 정해진 액수.

예 올해부터 물건의 값이 비싸졌다.

비슷한 말로 가격이라고 해.

알고 있니? 물건의 값을 무엇으로 냈을까?

아주 오랜 옛날에는 필요한 물건은 자기가 직접 구하거나 만들어서 썼어요. 그러다 서로 필요한 물건을 바꾸기 시작했지요. 하지만 바꾸는 물건의 값이 서로 맞지 않는 일이 생기자 다른 방법을 찾기 시작했어요.

처음에는 조개껍질이나 쌀 등으로 물건의 값을 내다가 돈이라는 편리한 방법을 생각하게 되었어요. 금속을 녹여서 만든 돈(동전), 종이로 만든 돈(지폐)을 만들고, 요즘은 플라스틱으로 만든 신용카드도 돈처럼 사용하기 시작했어요.

이제는 돈을 사용하여 편리하게 물건을 사고팔 수 있습니다.

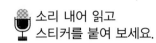 소리 내어 읽고
스티커를 붙여 보세요.

 잘 듣고 따라
읽어 보세요.

시장이 생겼어요

옛날에는 시장이 없었어요. 갖고 싶은 물건이 있으면 자기가 가진 물건과
바꾸어야 했어요. 하지만 필요한 물건을 가진 사람을 만나기가 힘들었어요.
그래서 사람들은 장소와 날짜를 정하고 만나서 물건을 바꾸기 시작했어요.

"물고기를 가지고 왔어요. 나는 맛있는 감자를 먹고 싶어요!"

"나는 싱싱한 물고기가 먹고 싶어요. 내 감자와 바꿉시다."

사람들은 한 장소에 모여서 서로 필요한 물건을 바꾸게 되었어요.

이렇게 해서 시장이 생기게 된 거예요.

그런데 문제가 생겼어요. 물건의 값에 대한 생각이 서로 달라서
다투는 일이 생겼어요.

"물고기 다섯 마리 줄 테니 감자 열 개를 주세요."

"안 돼요. 물고기 일곱 마리 주면 감자 열 개를 줄게요."

그래서 다음에는 물건값으로 그만큼의 조개껍질이나
쌀 등을 주고받았어요. 조개껍질이나 쌀이 오늘날의
돈처럼 사용된 것이지요. 그래서 사람들은 시장에서
좀 더 편하게 필요한 물건을 얻을 수 있게 되었어요.

세부 내용 **이해하기**

1 빈칸에 들어갈 알맞은 말을 이 글에서 찾아 쓰세요.

옛날에는 필요한 물건을 가진 사람을 만나기가 힘들었습니다. 그래서 사람

들은 ☐☐ 와/과 날짜를 정해서 서로 만나 물건을 바꾸었습니다.

세부 내용 **이해하기**

2 시장이 생기게 된 이유를 바르게 말한 친구는 누구인지 ○표 하세요.

사람들이 한 장소에 모여서 서로 필요한 것을 바꾸고 싶어 하면서 시장이 생겼어.

(   )

사람들이 한번에 많은 물건을 사고 싶어 하면서 시장이 생긴 거야.

(   )

전체 내용 **구성하기**

3
마인드맵

이 글의 내용을 정리한 마인드맵입니다. 빈칸에 들어갈 알맞은 말을 쓰세요.

 4 시장이 생긴 후에도 사람들은 왜 다투었는지 빈칸에 들어갈 알맞은 말을 쓰세요.

> 물건의 ☐ 에 대한 사람들의 생각이 서로 달랐기 때문입니다.

 내용 이해하고 활동하기

5
스티커 옛날에 돈처럼 쓰였다고 한 것은 무엇인지 이 글에서 찾아 쓰고, 스티커에서 그림을 찾아 붙여 보세요.

내용 이해하고 활동하기

6
스티커 시장에서 빵을 두 개 샀습니다. 빵값만큼의 돈을 스티커에서 찾아 붙여 보세요.

흐리게 쓴 글자는 따라 쓰세요.

잘못 쓰기 쉬운 말

낱말을 쓸 때 잘못 쓰기 쉬운 낱말이 있습니다. 바르게 쓴 낱말을 잘 보고 따라 써 봅니다.

| 날짜 ◉ | 날자 ✕ | → | 날 | 짜 | 날 | 짜 |

| 물건값 ◉ | 물건갑 ✕ | → | 물 | 건 | 값 | 물 | 건 | 값 |

| 바꾸다 ◉ | 바끄다 ✕ | → | 바 | 꾸 | 다 | 바 | 꾸 | 다 |

| 조개껍질 ◉ | 조게껍찔 ✕ | → | 조 | 개 | 껍 | 질 | 조 | 개 | 껍 | 질 |

어휘 살찌우기

우리 생활 주변에서 물건을 사고파는 시장과 비슷한 일을 하는 곳은 어디인지 알아보고 따라 써 봅니다.

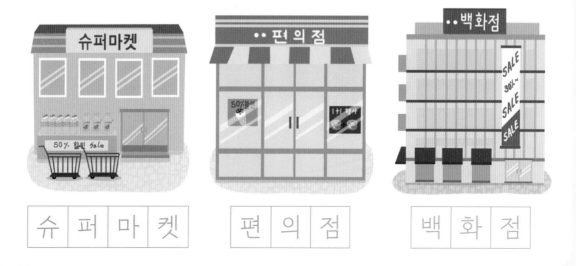

| 슈 | 퍼 | 마 | 켓 |

| 편 | 의 | 점 |

| 백 | 화 | 점 |

누구를 닮았을까?

잘 보면 우리는 서로 닮았어요.

엄마, 할머니께서 저랑 엄마랑 눈이 닮았대요.

그래? 그렇구나!

아빠를 닮아서 저도 발가락이 길어요.

맞아. 우리는 발가락이 닮았네.

귀

귀 귀 귀

사람이나 동물의 머리 양옆에서 소리를 듣는 기관.

예 시끄러운 소리에 귀를 막았어요.

귀의 겉 부분을 **귓바퀴**라고 해.

눈동자

눈 동 자 눈 동 자

눈알의 가운데에 색이 있는 부분.

예 어린이들의 눈동자는 맑아요.

눈알을 덮는 부분이 **눈꺼풀**이야.

곱슬머리

곱 슬 머 리

구불구불하게 말려 있는 머리털.

예 내 머리는 곱슬머리예요.

곱슬머리를 **고수머리**라고도 해.

알고 있니? 아빠, 엄마 그리고 나

나를 낳아 주신 분들은 아빠와 엄마예요.
아빠를 낳아 주신 분들은 친할머니와 친할아버지예요.
엄마를 낳아 주신 분들은 외할머니와 외할아버지예요.

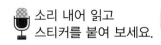

소리 내어 읽고
스티커를 붙여 보세요.

잘 듣고 따라
읽어 보세요.

누구를 닮았을까?

우리 친할아버지는 귀가 커요. 우리 아빠도 귀가 커요.

우리 아빠 귀는 친할아버지를 닮았어요.

우리 외할아버지는 구불구불 곱슬머리예요.

우리 엄마도 구불구불 곱슬머리예요.

우리 엄마 곱슬머리는 외할아버지를 닮았어요.

우리 아빠는 귀가 커요. 나도 귀가 커요.

나는 우리 아빠 귀를 닮았어요.

우리 엄마는 구불구불 곱슬머리예요.

나도 구불구불 곱슬머리예요.

나는 우리 엄마 곱슬머리를 닮았대요.

내 친구 아빠는 눈동자가 파란색이래요.

내 친구도 눈동자가 파란색이에요.

내 친구는 아빠 눈을 닮았대요.

우리 집 어미 고양이는 검은 고양이예요.

우리 집 새끼 고양이도 검은 고양이예요.

새끼 고양이는 어미 고양이를 닮았어요.

우리는 모두 우리의 아빠, 엄마를 닮았어요.

1 이 글의 내용으로 알맞지 <u>않은</u> 것은 무엇입니까? (   )

① 우리 아빠는 귀가 큽니다.

② 우리 엄마는 곱슬머리입니다.

③ 나는 아빠, 엄마를 닮았습니다.

④ 내 친구는 검은색 눈동자를 가졌습니다.

⑤ 내 귀는 친할아버지와 아빠 귀를 닮았습니다.

세부 내용 **이해하기**

2 다음의 '나'의 특징은 누구를 닮았을까요? 같은 특징을 가진 사람끼리 줄(−)로 이으세요.

(1) 나의 큰 귀 •   • 아빠 •   • 외할아버지

(2) 나의 곱슬머리 •   • 엄마 •   • 친할아버지

 내용 이해하고 **활동하기**

3 스티커 어미 고양이를 닮은 새끼 고양이를 스티커에서 찾아 붙여 보세요.

4 빈칸에 들어갈 알맞은 낱말을 쓰세요.

> 밖에서 시끄러운 소리가 나요.
>
> 나는 시끄러운 소리를 듣지 않으려고 두 손으로 [   ]을/를 막았어요.

낱말 뜻 이해하기

5 빈칸에 공통으로 들어갈 알맞은 낱말에 ○표 하세요.

> • 우리 아빠는 우리 친할아버지를 [   ].
>
> • 나는 우리 아빠를 [   ].

닦았다	[ ]
닮았다	[ ]
닿았다	[ ]

배경지식 활용하여 추론하기

6 빈칸에 들어갈 알맞은 낱말을 쓰세요.

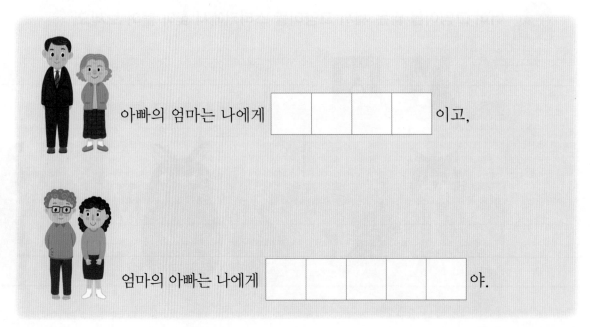

아빠의 엄마는 나에게 [ ][ ][ ][ ] 이고,

엄마의 아빠는 나에게 [ ][ ][ ][ ] 야.

어휘 살찌우기

비슷하지만 받침에 따라 뜻이 전혀 다른 낱말들이 있습니다. 받침에 주의하면서 바른 글자를 따라 써 봅니다.

닦다 윤기를 내거나 깨끗하게 하다.

| 닦 | 다 | | 닦 | 다 | | 닦 | 다 |

닮다 무엇과 비슷한 모양이나 성질을 지니다.

| 닮 | 다 | | 닮 | 다 | | 닮 | 다 |

닳다 오래 써서 어느 부분이 조금씩 없어지다.

| 닳 | 다 | | 닳 | 다 | | 닳 | 다 |

재미있는 속담 익히기

고슴도치도 제 새끼는 예뻐한다

'고슴도치도 제 새끼는 함함하다고 한다'라고도 이야기해요. '함함하다'라는 말은 털이 보드랍고 윤기가 흐른다는 뜻이에요. 이상하지요? 고슴도치는 등에 바늘처럼 단단하고 뾰족한 털이 나 있는 동물인데 말이지요.

> 우리 고슴도치는 털이 부드러워.

그러니까 '고슴도치도 제 새끼는 예뻐한다'라는 속담은 부모님이 자기 자식의 나쁜 점은 모르고 도리어 자랑으로 삼는다는 뜻이에요.

속담을 따라 써 봅니다.

| 고 | 슴 | 도 | 치 | 도 | | 제 | | 새 | 끼 | 는 | |
| 예 | 뻐 | 한 | 다 | | | | | | | | |

몸짓으로 동물을 흉내 내 봐요.

동물을 흉내 낸 춤이 있어요

오늘 우리가 본 동물들이 어떻게 하고 있었지?

사자가 머리를 크게 흔들었어.

학은 이렇게 서 있었어.

원숭이는 신이 나서 손을 흔들며 뛰었어.

거북이는 엉금엉금 기어가고 있었어.

행동

행 동　행 동　행 동

몸을 움직여 동작을 하거나 어떤 일을 함.
예 아는 것을 행동으로 실천하는 게 중요해.

비슷한 말로
행위라고 해.

흉내

흉 내　흉 내　흉 내

남이 하는 말이나 행동을 그대로 따라 하는 것.
예 동생이 내 흉내를 내고 있어.

소리나 모양을
흉내 내는 말을
흉내말이라고 해.

목

목　목　목

사람이나 동물의 머리와 몸통을 잇는
잘록한 부분.
예 학은 목이 긴 동물이야!

입안에서 목으로
통하는 구멍을
목구멍이라고 해.

알고 있니?　사자탈을 쓰고 노는 북청 사자놀음

　북청 사자놀음은 유명한 우리나라의 사자탈 놀이입니다. 정월 대보름에 많이 놀던
놀이입니다. 북청 사자놀음에서는 여러 인물이 탈을 쓰고 나와 이야기도 들려주고,
신나는 춤도 춥니다.

　그중에서 가장 유명한 춤은 두
명이 사자탈을 쓰고 노는 사자춤
입니다. 마을 사람들은 동물의 왕
사자가 귀신을 쫓아내고 마을을
평안하게 한다고 생각하였지요.
그래서 사자탈을 쓰고 신나게 놀
며 복이 오기를 바랐습니다.

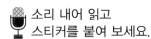 소리 내어 읽고
스티커를 붙여 보세요.

 잘 듣고 따라
읽어 보세요.

동물을 흉내 낸 춤이 있어요

할머니께 보여 드리려고 재미있는 춤이 없나 찾아보았어요.

그러다가 동물 춤이란 게 있다는 걸 알았어요.

동물 춤은 동물의 행동이나 모습을 흉내 낸 춤이래요.

동물 춤에는 오리춤, 개구리춤, 거북춤 등이 있대요.

오리춤은 뒤뚱뒤뚱 걷는 오리를 흉내 냈어요. ㉠입 모양을 오리처럼 꾸미고 뒤뚱거리며 추는 춤이에요.

개구리춤은 개구리처럼 펄쩍펄쩍 뛰면서 추는 춤이에요. 개구리는 비를 좋아하지요? 그래서 이 춤을 추면서 비가 잘 내리기를 빌었대요. 비가 내려야 곡식이 잘 자라기 때문이지요.

거북춤은 거북 모양을 만들고 그 안에 들어가서 추는 춤이에요. 거북이처럼 느릿느릿 추지요.

새를 흉내 낸 새춤도 있어요. 새가 고개를 까딱까딱하면서 날갯짓 하는 모습을 흉내 냈어요. 새처럼 아름답고 부드러운 춤이에요.

참 재미있는 춤이 많지요?

할머니 앞에서는 오리춤을 췄어요. 할머니께서는 재미있다며 따라 추셨어요.

민속놀이장

글의 내용 이해하기

1 이 글에서 설명하는 동물 춤의 특징을 찾아 줄(–)로 이으세요.

(1) 오리춤 ·

(2) 개구리춤 ·

(3) 거북춤 ·

(4) 새춤 ·

· ㉠ 펄쩍펄쩍 뛰는 모양을 흉내 낸 춤

· ㉡ 고개를 까딱이며 날갯짓 하는 동작을 흉내 낸 춤

· ㉢ 느릿느릿 걸으며 추는 춤

· ㉣ 뒤뚱거리는 걸음을 흉내 낸 춤

세부 내용 이해하기

2 이 글의 내용과 맞는 것에 모두 ○표 하세요.

(1) 동물 춤은 사납고 무서운 동물을 흉내 낸 춤입니다. (　　　)

(2) 동물 춤은 동물이 하는 행동이나 모습을 흉내 낸 춤입니다. (　　　)

(3) 거북춤은 거북 모양을 만들고 그 안에 사람이 들어가서 추는 춤입니다.

(　　　)

세부 내용 이해하기

3 ㉠ '입 모양을 오리처럼 꾸미고'는 어떻게 하는 것입니까? (　　　)

① 입을 꼭 다물고

② 입을 크게 벌리고

③ 입술을 앞으로 쭉 내밀고

④ 이가 나란히 보이게 하고

⑤ 입을 옆으로 벌어지게 하고

4 다음은 동물의 움직임이나 모양을 춤으로 표현한 것입니다. 어떤 동물을 흉내 낸 것입니까? (   )

① 새
② 사자
③ 거북
④ 오리
⑤ 원숭이

5 다음에서 설명하는 동물 춤은 어떤 동물을 흉내 낸 것입니까? (   )

동물 모양의 큰 탈을 쓰고 춤을 춥니다. 머리 쪽에 한 사람, 뒤쪽에 한 사람이 들어가 동물을 흉내 내며 춤을 춥니다. 몸을 흔들기도 하고, 높이 솟기도 합니다. 그리고 꼬리를 흔들며 몸을 긁거나 뒹굴기도 합니다.

① 토끼   ② 사자   ③ 코끼리   ④ 원숭이   ⑤ 개구리

6 자신이 좋아하는 동물을 보고 동물 춤을 만들고 춤을 춰 보세요.

(1) 자신이 좋아하는 동물은 무엇인지 쓰세요.

----

(2) 자신이 좋아하는 동물의 움직임이나 생김새는 어떤 특징이 있는지 쓰세요.

----

(3) 자신이 좋아하는 동물의 행동을 흉내 낸 춤을 어떻게 추는지 쓰세요.

어휘 살찌우기

옛날부터 전해 오는 우리나라 춤에는 무엇이 있는지 알아보고 따라 써 봅니다.

'부채춤'은 부채를 들고 추는 춤입니다.

부	채	춤	부	채	춤

'장구춤'은 장구를 메고 치면서 추는 춤입니다.

장	구	춤	장	구	춤

'소고춤'은 손에 소고를 들고 치면서 추는 춤입니다.

소	고	춤	소	고	춤

재미있는 속담 익히기

개구리 올챙이 적 생각 못 한다

개구리는 알에서 올챙이가 태어나고 올챙이가 점점 자라 올챙이 때와는 전혀 다른 모습의 개구리가 되는 거예요. 그런 개구리가 자기는 마치 처음부터 개구리였던 것처럼 행동하는 것은 바른 행동이 아니겠죠? 그래서 자신의 못나고 어려웠던 시절을 기억하지 못하고 함부로 행동하는 경우에 쓰는 속담이에요.

나는 처음부터 이렇게 잘 뛰었어.

뭐래?

속담을 따라 써 봅니다.

개	구	리		올	챙	이		적		생	각
못		한	다								

5회

나무는 우리에게 많은 것을 주어요.

나무 덕분이에요

나는 책을 만드는 종이가 될 거야.

나는 쑥쑥 자라서 책상을 만드는 나무가 될 거야.

나무가 많으니까 공기가 맑아.

내가 산소를 만들어서 공기가 신선한 거야.

나는 사람들에게 맛있는 과일을 줄 거야.

홍수

홍 수 홍 수 홍 수

비가 많이 와서 강이나 계곡의 물이 갑자기
많아지는 것.

예 비가 많이 와서 홍수가 났어요.

한곳에 집중적으로
내리는 큰비를
폭우라고 해.

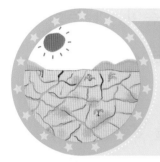

가뭄

가 뭄 가 뭄 가 뭄

오랫동안 비가 오지 않는 날씨.

예 오랜 가뭄에 개울물이 모두 말랐어.

가뭄 끝에 내리는
반가운 비를 단비라고
하지.

숲

숲 숲 숲

나무가 아주 많은 곳.

예 숲에 오니 기분이 상쾌하구나!

숲은 수풀을
줄인 말이야.

알고 있니? 나는 나무야

나에 대해 알려 줄게.
나는 뿌리, 줄기, 잎으로
이루어져 있어.

잎
줄기
뿌리

우리는 나무를
쑥쑥 자라게 해.

물은 올라가,
올라가.

영양분은
내려가, 내려가.

지금은 내가
누구인지
모르겠지?

나는 벚꽃나무야.
꽃이 피니까 알겠지?

나는 사람들에게
시원한 그늘을 만들어 줘.

사과, 귤처럼
맛있는 과일도 주고.

나는 종이도 만들지.
책상이랑 의자도
만들고.

소리 내어 읽고 스티커를 붙여 보세요.

잘 듣고 따라 읽어 보세요.

나무 덕분이에요

공부할 때는 책상과 의자가 필요해요. 잠을 잘 때는 침대가 필요해요. 화장실에서는 화장지가 필요하고요. 우리가 ㉠이런 물건들을 만들 때 꼭 필요한 것이 있어요. 바로 나무예요. 이 책도 나무로 만들어졌어요. 종이는 나무로 만들거든요. 사과, 배, 복숭아, 포도, 바나나 등 우리가 좋아하는 과일들도 나무에서 얻지요. 초콜릿도요.

나무가 우리에게 꼭 필요한 이유는 또 있어요. 나무는 뿌리를 땅속 깊이 뻗어서 흙을 단단하게 붙잡아 줘요. 그래서 홍수가 나거나 가뭄이 들어도 땅이 무너지지 않게 도와주지요. 우리가 안전하게 살 수 있게 도와주는 거예요.

무엇보다 중요한 것은 나무는 공기 속으로 산소를 내보내 주는 일을 해요. 우리가 숨을 쉴 수 있게 해 준다는 것이지요. 나무는 물을 빨아들이고 햇빛을 받으면서 쑥쑥 자란답니다. 그때 우리에게 필요한 산소*를 내보내 주는 거예요. 그래서 숲에 가면 상쾌한 기분이 들고 머리가 맑아지는 것이지요.

이렇게 많은 것을 주는 나무 덕분에 우리는 행복하게 살아갈 수 있습니다.

*산소: 사람과 동물이 숨을 쉬기 위해 꼭 필요한 기체.

1 이 글의 내용으로 알맞지 <u>않은</u> 것은 무엇입니까? (   )

① 나무는 햇빛을 받으면서 자랍니다.

② 나무에서 초콜릿도 얻을 수 있습니다.

③ 나무는 우리가 숨을 쉴 수 있게 산소를 내뿜어 줍니다.

④ 나무로는 책상, 침대 같은 큰 가구만 만들 수 있습니다.

⑤ 나무의 뿌리는 홍수에도 땅이 무너지지 않게 해 줍니다.

2 이 글을 읽고 나서 든 생각으로 알맞은 것은 무엇입니까? (   )

① 홍수가 날 때만 나무가 필요하구나.

② 나무는 열매를 맺지 않으면 쓸모가 없구나.

③ 우리는 나무의 도움으로 행복하게 살아갈 수 있구나.

④ 나무가 물을 많이 빨아들여서 우리가 마시는 물이 부족한 거였구나.

⑤ 달리기를 할 때 숨이 찬 것은 나무가 산소를 내보내 주지 않았기 때문이구나.

3 빈칸에 들어갈 알맞은 말을 이 글에서 찾아 쓰세요.

나무가 공기 속으로 [ ][ ] 을/를 내보내 줍니다.

↓

그래서 우리가 [ ] 을/를 쉴 수 있는 겁니다.

4 ㉠에서 말하는 물건들을 만들 때 꼭 필요한 것은 무엇인지 이 글에서 찾아 쓰세요.

낱말 뜻 이해하기

5 서로 관련 있는 것끼리 줄(–)로 이으세요.

(1) 홍수 •

(2) 가뭄 •

• 오랫동안 비가 오지 않는 날씨.

• 비가 많이 와서 강이나 계곡의 물이 갑자기 많아지는 것.

배경지식 활용하여 추론하기

6 빈칸에 들어갈 알맞은 말을 쓰세요.

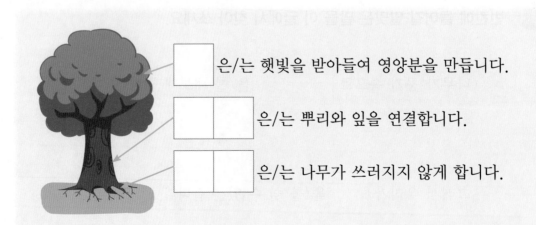

은/는 햇빛을 받아들여 영양분을 만듭니다.

은/는 뿌리와 잎을 연결합니다.

은/는 나무가 쓰러지지 않게 합니다.

어휘 살찌우기

'좋아하는'에서처럼 'ㅎ' 받침이 들어 있는 낱말이 있어요. 받침자에 주의하며 따라 써 봅니다.

좋다

기	분	이		좋	다	.		
날	씨	가		좋	다	.		

낳다

알	을		낳	다	.			
새	끼	를		낳	다	.		

쌓다

담	을		쌓	다	.			
블	록	을		쌓	다	.		

재미있는 속담 익히기

원숭이도 나무에서 떨어진다

'원숭이도 나무에서 떨어진다'라는 속담은 원숭이가 나무를 못 타서가 아니라 실수로 나무에서 떨어진다는 말이에요. 아무리 익숙하여 잘하는 일이라도 때로는 실수할 때가 있다는 말이지요.

그러니 실수에 대해서 너무 속상해할 필요가 없다는 뜻입니다.

속담을 따라 써 봅니다.

원	숭	이	도		나	무	에	서		떨	어	진	다

확인증

초등학교　　　학년　이름

위 어린이는

ERI 독해가 문해력이다 1단계 기본 과정을

모두 마쳤습니다.

이에 학습을 마쳤다는 확인증을 드립니다.

스티커를
붙이세요.

다음 ERI 독해가 문해력이다 1단계 심화에서

다시 만나요~~

부 록

낱말카드 ― 받아쓰기

ERI 독해가
문해력이다
1단계 기본

기본 어휘만 모은 낱말카드!

그림으로 배우는 어휘에서 학습한 어휘를 놀이로 즐기면서 복습해 보세요. 부모님과 함께 해도 되고, 친구끼리 해도 좋습니다.

활용법

- 절취선을 따라 낱말카드를 잘라 주세요.

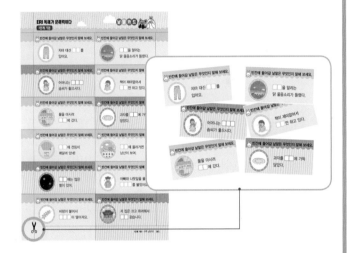

- 낱말카드의 문제 부분을 보여 주며 답을 말하도록 합니다.

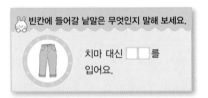

🐰 빈칸에 들어갈 낱말은 무엇인지 말해 보세요.

치마 대신 ☐☐를 입어요.

- 어려워하면 낱말카드 뒷부분에 있는 낱말 뜻을 읽어 주어 답을 생각해 보게 합니다.

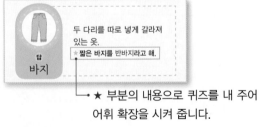

답 바지

두 다리를 따로 넣게 갈라져 있는 옷.
★ 짧은 바지를 반바지라고 해.

★ 부분의 내용으로 퀴즈를 내 주어 어휘 확장을 시켜 줍니다.

짧은 바지를 뭐라고 하지?

반바지.

3단계 받아쓰기

[QR]를 잘 듣고 단계별 받아쓰기를 합니다.

3단계 구성으로 올바른 맞춤법과 듣기에 집중하여 문장을 완성하는 훈련을 하게 합니다.

1단계 글자 완성 낱말의 기본 자음자와 모음자를 보여 주고 어려운 자음자, 모음자, 받침을 채우는 코너입니다.

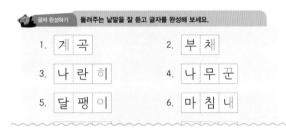

🐿 글자 완성하기   들려주는 낱말을 잘 듣고 글자를 완성해 보세요.

1. 계 곡
2. 부 채
3. 나 란 히
4. 나 무 꾼
5. 달 팽 이
6. 마 침 내

2단계 낱말 완성 들려주는 낱말을 잘 듣고 낱말을 받아쓰는 코너입니다.

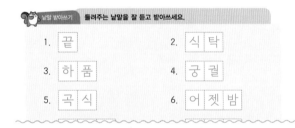

🐿 낱말 받아쓰기   들려주는 낱말을 잘 듣고 받아쓰세요.

1. 끝
2. 식 탁
3. 하 품
4. 궁 궐
5. 곡 식
6. 어 젯 밤

3단계 문장 완성 들려주는 문장을 잘 듣고 빈칸에 들어갈 낱말을 받아쓰는 코너입니다.

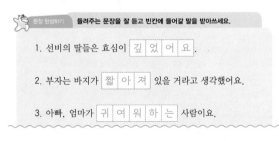

🐕 문장 완성하기   들려주는 문장을 잘 듣고 빈칸에 들어갈 말을 받아쓰세요.

1. 선비의 딸들은 효심이 깊 었 어 요 .

2. 부자는 바지가 짧 아 져 있을 거라고 생각했어요.

3. 아빠, 엄마가 귀 여 워 하 는 사람이요.

빈칸에 들어갈 낱말은 무엇인지 말해 보세요.

치마 대신 □□를 입어요.

빈칸에 들어갈 낱말은 무엇인지 말해 보세요.

□□을 알리는 닭 울음소리가 들렸다.

빈칸에 들어갈 낱말은 무엇인지 말해 보세요.

어머니는 □□□ 솜씨가 좋으시다.

빈칸에 들어갈 낱말은 무엇인지 말해 보세요.

책이 재미없어서 □□만 하고 있다.

빈칸에 들어갈 낱말은 무엇인지 말해 보세요.

물을 마시러 □□에 갔다.

빈칸에 들어갈 낱말은 무엇인지 말해 보세요.

과자를 □□에 가득 담았다.

빈칸에 들어갈 낱말은 무엇인지 말해 보세요.

□□에 전등이 매달려 있네!

빈칸에 들어갈 낱말은 무엇인지 말해 보세요.

□□에 올라가면 남산이 보여.

빈칸에 들어갈 낱말은 무엇인지 말해 보세요.

□□에는 많은 별이 있어.

빈칸에 들어갈 낱말은 무엇인지 말해 보세요.

아빠와 나뭇잎을 물고 □□□를 불었어요.

빈칸에 들어갈 낱말은 무엇인지 말해 보세요.

바람이 불어서 □□□이 떨어져요.

빈칸에 들어갈 낱말은 무엇인지 말해 보세요.

저 집은 크고 화려해서 □□ 같습니다.

날이 밝을 무렵.
★ 새벽이 될 무렵이 바로 새벽녘이야.

답 새벽

두 다리를 따로 넣게 갈라져 있는 옷.
★ 짧은 바지를 반바지라고 해.

답 바지

졸리거나 싫증이 날 때 저절로 입이 벌어지면서 나오는 깊은 호흡.
★ 걱정이 되거나 긴장이 풀릴 때 길게 내쉬는 한숨과는 달라.

답 하품

바늘구멍에 실을 넣어 옷을 짓거나 꿰매는 일.
★ 바늘, 실 따위의 바느질 도구를 담는 그릇을 반짇고리라고 해.

답 바느질

과일이나 반찬 등 음식을 담는 얇고 납작한 그릇.
★ 하늘을 나는 납작한 모양의 것을 비행접시라고 해.

답 접시

일정한 시설을 갖추어 놓고 요리나 설거지 따위의 일을 하는 곳.
★ 비슷한 뜻으로 주방이 쓰일 수도 있어.

답 부엌

건물에서 마당처럼 편평하게 만든 지붕의 위.
★ 건물의 옥상에 꽃을 심어 만든 정원을 옥상 정원이라고 해.

답 옥상

건물 안쪽의 위가 되는 면.
★ 천장의 반대편에는 바닥이 있어.

답 천장

두 입술 사이에 풀잎을 대거나 물고 불어서 피리 같은 소리를 내는 것.
★ 풀피리는 풀잎피리라고도 해.

답 풀피리

지구와 모든 별이 있는 끝없이 넓은 곳.
★ 우주를 비행하도록 만든 것이 우주선이야.

답 우주

임금이 살면서 나라를 다스리던 집.
★ 궁궐은 대궐, 궁전이라고도 해.

답 궁궐

나무의 잎.
★ 풀의 잎은 풀잎이야.

답 나뭇잎

낱 말 카 드

🐰 빈칸에 들어갈 낱말은 무엇인지 말해 보세요.

공원으로 가족 ☐☐☐를 갔다.

🐰 빈칸에 들어갈 낱말은 무엇인지 말해 보세요.

들판에 ☐☐이 잘 익었구나!

🐰 빈칸에 들어갈 낱말은 무엇인지 말해 보세요.

☐☐☐에는 시원한 그늘이 최고야.

🐰 빈칸에 들어갈 낱말은 무엇인지 말해 보세요.

그렇게 벌컥 ☐를 내면 어떻게 해!

🐰 빈칸에 들어갈 낱말은 무엇인지 말해 보세요.

엄마는 두 ☐을 벌려 나를 안아 주었다.

🐰 빈칸에 들어갈 낱말은 무엇인지 말해 보세요.

옷이 내 ☐에 꼭 맞아요.

🐰 빈칸에 들어갈 낱말은 무엇인지 말해 보세요.

나는 커서 훌륭한 ☐☐이 될 거야.

🐰 빈칸에 들어갈 낱말은 무엇인지 말해 보세요.

내 ☐은 과학자가 되는 거야.

🐰 빈칸에 들어갈 낱말은 무엇인지 말해 보세요.

세종 대왕은 한글을 만드신 ☐이야.

🐰 빈칸에 들어갈 낱말은 무엇인지 말해 보세요.

☐☐가 울면 반가운 손님이 온다는 말이 있다.

🐰 빈칸에 들어갈 낱말은 무엇인지 말해 보세요.

산의 ☐☐☐에는 무엇이 있을까?

🐰 빈칸에 들어갈 낱말은 무엇인지 말해 보세요.

토마토 ☐☐을 뿌렸어요.

벼, 보리, 옥수수 등을
이르는 말.
★ 곡물이라는 말도 같은 뜻이야.

답
곡식

집을 떠나 멀지 않은 곳에
잠시 다녀오는 것.
★ 나들이는 외출을 한다는 뜻이야.

답
나들이

몹시 언짢거나 못마땅하여
나는 성.
★ '화'와 비슷한 말로 골이 있어.

답
화

몹시 덥고 땀이 많이 나서
견디기 어려운 더위.
★ 견디기 어려운 추위는
  강추위라고 해.

답
무더위

사람이나 동물의 머리에서
발까지의 전체.
★ 몸에서 가슴 · 등 · 배로
  이루어진 부분을 몸통이라고 해.

답
몸

사람의 손목과 어깨 사이의
부분.
★ 팔과 다리를 합쳐 팔다리라고
  하지.

답
팔

자기가 이루고 싶은 희망.
★ 잠자는 동안 꾸는 꿈도 있어.

답
꿈

군대에서 높은 계급을
가진 군인.
★ 장군이 될 만한 사람을
  장군감이라고들 하지.

답
장군

머리에서 등까지는 검고 윤이
나며 어깨와 배는 흰색인 새.
★ 까치가 먹으라고 따지 않고
  몇 개 남겨 두는 감을 까치밥이
  라고 해.

답
까치

나라를 다스리는 우두머리.
★ 왕을 임금, 황제라고도 해.

답
왕

채소나 곡식 등의 씨.
★ 씨앗을 줄여서 씨라고도 해.

답
씨앗

서 있거나 높이가 있는
물건 등의 맨 위쪽.
★ 산의 꼭대기는 정상이라고 해.

답
꼭대기

낱 말 카 드

🐰 빈칸에 들어갈 낱말은 무엇인지 말해 보세요.

월요일에는 문을 열지 않는 ☐☐☐이 많다.

🐰 빈칸에 들어갈 낱말은 무엇인지 말해 보세요.

☐☐☐가 "어흥" 하고 소리를 냈다.

🐰 빈칸에 들어갈 낱말은 무엇인지 말해 보세요.

☐☐ 복 많이 받으세요.

🐰 빈칸에 들어갈 낱말은 무엇인지 말해 보세요.

☐☐☐을 깨끗이 사용하자!

🐰 빈칸에 들어갈 낱말은 무엇인지 말해 보세요.

☐☐에 오래 앉아 있지 마!

🐰 빈칸에 들어갈 낱말은 무엇인지 말해 보세요.

감자를 키우는 밭에 ☐☐을 주었다.

🐰 빈칸에 들어갈 낱말은 무엇인지 말해 보세요.

너무 더워서 ☐☐를 부쳤다.

🐰 빈칸에 들어갈 낱말은 무엇인지 말해 보세요.

친구들과 생일 ☐☐를 했어.

🐰 빈칸에 들어갈 낱말은 무엇인지 말해 보세요.

튼튼한 ☐☐이 세워졌어.

🐰 빈칸에 들어갈 낱말은 무엇인지 말해 보세요.

국에는 소금과 ☐☐를 뿌려 먹었어.

🐰 빈칸에 들어갈 낱말은 무엇인지 말해 보세요.

바다 위에 배 세 ☐이 떠 있어.

🐰 빈칸에 들어갈 낱말은 무엇인지 말해 보세요.

제주도는 우리나라에서 가장 큰 ☐이야.

답
호랑이

등은 누런 갈색이고 검은 가로 무늬가 있으며, 날카로운 이빨을 갖고 있음.
★호랑이는 범이라고도 해.

답
미술관

미술품을 늘어놓고 여러 사람에게 보여 주는 곳.
★미술품은 그림이나 조각 같은 미술 작품을 말해.

답
화장실

똥이나 오줌을 누고 손 등을 씻는 곳.
★화장실을 변소라고도 해.

답
새해

한 해가 다 가고 새로 시작되는 해.
★새로 시작하는 해는 신년이라고도 해.

답
거름

곡식이 잘 자라도록 땅에 주는 영양분.
★요즘은 똥으로 만든 거름 대신 공장에서 만든 비료를 뿌려 줘.

답
변기

똥이나 오줌을 누도록 만든 기구.
★변기통이라는 말도 같은 뜻이야.

답
잔치

축하할 일이 있을 때 음식을 차리고 손님을 불러 즐기는 일.
★잔치 때 차리는 음식상을 잔칫상이라고 하지.

답
부채

손에 잡고 흔들어 바람을 일으키는 도구.
★부채를 부치는 일을 부채질이라고 해.

답
후추

후추나무의 열매, 음식의 양념으로 씀.
★음식의 맛을 더 좋게 하는 것을 향신료라고 해.

답
기둥

건물의 위쪽 부분이나 위에 있는 물건을 떠받치기 위해 곧게 세운 긴 물건.
★중요한 역할을 하는 사람도 기둥이라고 해.

답
섬

주위가 바다로 둘러싸인 땅.
★섬 이름에는 제주도, 독도처럼 끝에 도가 붙어.

답
척

배를 세는 단위.
★배는 한 척, 두 척, 세 척으로 세야 해.

🐰 빈칸에 들어갈 낱말은 무엇인지 말해 보세요.

나는 ☐☐를 타고
학교에 간다.

🐰 빈칸에 들어갈 낱말은 무엇인지 말해 보세요.

버스 ☐☐님이
안전하게 운전하셨어.

🐰 빈칸에 들어갈 낱말은 무엇인지 말해 보세요.

버스 ☐☐☐를
꼭 잡아.

🐰 빈칸에 들어갈 낱말은 무엇인지 말해 보세요.

적당한 ☐☐은
건강에 좋다.

🐰 빈칸에 들어갈 낱말은 무엇인지 말해 보세요.

나는 ☐☐을
불끈 쥐었다.

🐰 빈칸에 들어갈 낱말은 무엇인지 말해 보세요.

서로 발로 ☐☐을 했어.

🐰 빈칸에 들어갈 낱말은 무엇인지 말해 보세요.

나는 ☐☐을 좋아해!

🐰 빈칸에 들어갈 낱말은 무엇인지 말해 보세요.

정원에 작은 ☐☐이
있어.

🐰 빈칸에 들어갈 낱말은 무엇인지 말해 보세요.

시원한 ☐☐으로
놀러 가고 싶어.

🐰 빈칸에 들어갈 낱말은 무엇인지 말해 보세요.

오늘 야구 ☐☐이 있어.

🐰 빈칸에 들어갈 낱말은 무엇인지 말해 보세요.

☐☐☐를 하지 마세요!

🐰 빈칸에 들어갈 낱말은 무엇인지 말해 보세요.

한 ☐로 서세요!

직업으로 버스, 배, 기차 등을 운전하는 사람.

답
기사

★ 기사는 운전사를 높여 부르는 말이야.

많은 사람이 함께 타는 큰 자동차.

답
버스

★ 버스가 사람을 태우거나 내려 주는 곳을 버스 정류장이라고 해.

건강을 위하여 몸을 움직이는 일.

답
운동

★ 일정한 규칙에 따라 겨루는 일은 운동 경기야.

손으로 어떤 것을 열거나 들거나 붙잡을 수 있게 만들어 놓은 부분.

답
손잡이

★ 문의 손잡이는 문손잡이라고도 하지.

운동 경기 따위에서 상대편을 이기기 위한 적극적인 행동.

답
공격

★ 주로 공격을 하는 선수를 공격수라고 해.

손가락을 모두 모아 쥔 손.

답
주먹

★ 주먹 모양으로 둥글게 뭉친 밥을 주먹밥이라고 해.

땅을 파거나 넓게 파여 있는 땅에 흐르는 물을 막아서 물을 가두어 놓은 곳.

답
연못

★ 연못을 줄여서 못이라고도 해.

위험할 수 있고, 힘들고 어려운 일을 참고 하는 것.

답
모험

★ 모험가는 모험을 좋아하는 사람을 말해.

재주를 겨루어 이기고 지는 것을 다투는 것.

답
시합

★ 비슷한 말로 경기라고 해.

산과 산 사이를 따라 가운데가 쑥 들어가 파인 곳에 물이 흐르는 골짜기.

답
계곡

★ 계곡을 따라 흘러가는 물은 계곡물이라고 해.

사람이나 물건이 길게 순서대로 늘어서는 것.

답
줄

★ 하나의 줄로 서는 것을 한 줄 서기라고 해.

순서를 지키지 않고 줄의 중간에 끼어드는 것.

답
새치기

★ 비슷한 말로 끼어들기라고 해.

낱말카드

🐰 빈칸에 들어갈 낱말은 무엇인지 말해 보세요.

엄마는 ⬜⬜에서 과일을 사 오셨다.

🐰 빈칸에 들어갈 낱말은 무엇인지 말해 보세요.

약속 ⬜⬜가 어디였지?

🐰 빈칸에 들어갈 낱말은 무엇인지 말해 보세요.

올해부터 물건의 ⬜이 비싸졌다.

🐰 빈칸에 들어갈 낱말은 무엇인지 말해 보세요.

시끄러운 소리에 ⬜를 막았어요.

🐰 빈칸에 들어갈 낱말은 무엇인지 말해 보세요.

어린이들의 ⬜⬜⬜는 맑아요.

🐰 빈칸에 들어갈 낱말은 무엇인지 말해 보세요.

내 머리는 ⬜⬜⬜⬜예요.

🐰 빈칸에 들어갈 낱말은 무엇인지 말해 보세요.

아는 것을 ⬜⬜으로 실천하는 게 중요해.

🐰 빈칸에 들어갈 낱말은 무엇인지 말해 보세요.

동생이 내 ⬜⬜를 내고 있어.

🐰 빈칸에 들어갈 낱말은 무엇인지 말해 보세요.

학은 ⬜이 긴 동물이야!

🐰 빈칸에 들어갈 낱말은 무엇인지 말해 보세요.

비가 많이 와서 ⬜⬜가 났어요.

🐰 빈칸에 들어갈 낱말은 무엇인지 말해 보세요.

오랜 ⬜⬜에 개울물이 모두 말랐어.

🐰 빈칸에 들어갈 낱말은 무엇인지 말해 보세요.

⬜에 오니 기분이 상쾌하구나!

답 **장소**

어떤 일이 이루어지거나
일어나는 곳.
★ 장소에서 '장'은 마당, 곳이라는
뜻이 있어.

답 **시장**

여러 가지 상품을 사고파는 곳.
★ 슈퍼마켓이나 백화점도 시장과
비슷한 곳이야.

답 **귀**

사람이나 동물의 머리 양옆에
서 소리를 듣는 기관.
★ 귀의 겉 부분을 귓바퀴라고 해.

답 **값**

사고파는 물건에 정해진 액수.
★ 비슷한 말로 가격이라고 해.

답 **곱슬머리**

구불구불하게 말려 있는
머리털.
★ 곱슬머리를 고수머리라고도 해.

답 **눈동자**

눈알의 가운데에 색이 있는
부분.
★ 눈알을 덮는 부분이 눈꺼풀이야.

답 **흉내**

남이 하는 말이나 행동을
그대로 따라 하는 것.
★ 소리나 모양을 흉내 내는 말을
흉내말이라고 해.

답 **행동**

몸을 움직여 동작을 하거나
어떤 일을 함.
★ 비슷한 말로 행위라고 해.

답 **홍수**

비가 많이 와서 강이나 계곡의
물이 갑자기 많아지는 것.
★ 한곳에 집중적으로 내리는
큰비를 폭우라고 해.

답 **목**

사람이나 동물의 머리와
몸통을 잇는 잘록한 부분.
★ 입안에서 목으로 통하는 구멍을
목구멍이라고 해.

답 **숲**

나무가 아주 많은 곳.
★ 숲은 수풀을 줄인 말이야.

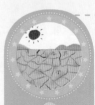

답 **가뭄**

오랫동안 비가 오지 않는
날씨.
★ 가뭄 끝에 내리는 반가운 비를
단비라고 하지.

받아쓰기

잘 듣고
받아쓰세요.

 글자 완성하기 들려주는 낱말을 잘 듣고 글자를 완성해 보세요.

1. | 예 | 날 |

2. | ㅅ | 벽 |

3. | 부 | 어 |

4. | 노 | 이 |

5. | 고 | ㄱ |

6. | ㄱ | 단 |

7. | 풀 | 이 |

8. | 바 | 까 |

9. | 햇 | 비 |

10. | 무 | 지 | ㄱ |

낱말 받아쓰기 들려주는 낱말을 잘 듣고 받아쓰세요.

1.

2.

3.

4.

5.

6.

7.

8.

9.

10.

문장 완성하기   들려주는 문장을 잘 듣고 빈칸에 들어갈 말을 받아쓰세요.

1. 선비의 딸들은 효심이 ☐☐☐☐.

2. 부자는 바지가 ☐☐☐ 있을 거라고 생각했어요.

3. 아빠, 엄마가 ☐☐☐☐☐ 사람이요.

4. 세 아이 모두 얼굴을 ☐☐☐☐ 말했어요.

5. 더 멀리 ☐☐☐☐ 무엇이 있을까요?

6. 반짝반짝 빛나는 ☐☐☐ 있어요.

7. ☐☐☐☐ 나뭇잎으로 만들어요.

8. 소리가 나지 않는다고 ☐☐☐☐ 마세요.

9. 야외에서 ☐☐☐☐ 사람들이 많아요.

10. 눈 오는 날에는 ☐☐☐ 끼고 털모자를 써요.

받아쓰기

잘 듣고
받아쓰세요.

 글자 완성하기 들려주는 낱말을 잘 듣고 글자를 완성해 보세요.

1. ㅂ

2. ㄱ 림

3. 동 ㄴ

4. 방 ㄱ

5. ㅅ 해

6. 씨 아

7. 하 ㄹ

8. 후 ㅎ

9. 꼭 ㄷ 기

10. 아 마 당

낱말 받아쓰기 들려주는 낱말을 잘 듣고 받아쓰세요.

1.

2.

3.

4.

5.

6.

7.

8.

9.

10.

문장 완성하기   들려주는 문장을 잘 듣고 빈칸에 들어갈 말을 받아쓰세요.

1. ☐☐☐. 그럴 수 있어.

2. 화가 나면 ☐☐☐☐☐ 수를 세 보세요.

3. 이순신은 장군 놀이를 ☐☐☐☐☐.

4. 노인은 고개를 ☐☐☐☐ 돌아서 갔어요.

5. 감이 ☐☐☐☐☐ 변한 거예요.

6. ☐☐☐ 감이 바닥으로 떨어지지요.

7. 여러분은 이런 ☐☐☐ 본 적이 있나요?

8. 호랑이가 귀신을 ☐☐☐☐☐ 생각했어요.

9. 너는 똥이 ☐☐☐ 않니?

10. 나를 보고 ☐☐☐ 기분이 좋아.

받아쓰기

잘 듣고
받아쓰세요.

 글자 완성하기 들려주는 낱말을 잘 듣고 글자를 완성해 보세요.

1. ㄱ 곡

2. 부 ㅊ

3. 나 란 ㅣ

4. 나 무 ㄴ

5. 달 팽 ㅣ

6. 마 침 ㄴ

7. ㅅ 로 운

8. 손 자 이

9. 열 심 ㅣ

10. ㅌ 권 도

낱말 받아쓰기 들려주는 낱말을 잘 듣고 받아쓰세요.

1.

2.

3.

4.

5.

6.

7.

8.

9.

10.

문장 완성하기 **들려주는 문장을 잘 듣고 빈칸에 들어갈 말을 받아쓰세요.**

1. 여봐라, 저 ☐☐☐ 물건이 무엇이냐?

2. 그러자 몸이 ☐☐ 위로 둥둥 떠올랐지요.

3. 하지만 후추는 너무 ☐☐☐☐.

4. 돈을 ☐☐ 벌 수 있었어요.

5. 나는 아빠와 ☐☐ 버스를 탔어요.

6. 아저씨가 버스 ☐☐☐☐ 넘어지셨어요.

7. 겨루기는 두 사람이 하는 ☐☐☐☐.

8. 선생님께서 ☐☐☐☐ 알려 주셨어요.

9. 난 처음에 ☐☐☐☐☐.

10. 땅에서 처음 만난 것은 ☐☐☐☐☐.

받아쓰기

잘 듣고
받아쓰세요.

 글자 완성하기 들려주는 낱말을 잘 듣고 글자를 완성해 보세요.

1. | 흐 |
   | --- |

2. | 문 | ス |
   | --- | --- |

3. | ○ | 자 |
   | --- | --- |

4. | ㄱ | 구 | 리 |
   | --- | --- | --- |

5. | 날 | 갯 | 지 |
   | --- | --- | --- |

6. | 물 | 건 | 가 |
   | --- | --- | --- |

7. | ㅅ | 치 | 기 |
   | --- | --- | --- |

8. | 즐 | 겁 | ㄱ |
   | --- | --- | --- |

9. | 고 | 슬 | 머 | 리 |
   | --- | --- | --- | --- |

10. | ○ | 할 | 아 | 버 | 지 |
    | --- | --- | --- | --- | --- |

 낱말 받아쓰기 들려주는 낱말을 잘 듣고 받아쓰세요.

1.

2.

3.

4.

5.

6.

7.

8.

9.

10.

문장 완성하기 | 들려주는 문장을 잘 듣고 빈칸에 들어갈 말을 받아쓰세요.

1. ☐☐☐☐☐ 사람들이 정말 많았어요.

2. 동생과 나는 ☐☐☐☐☐ 놀았어요.

3. ☐☐☐☐ 줄 테니 감자를 주세요.

4. ☐☐☐☐☐☐ 쌀이 돈처럼 사용되었어요.

5. 우리 아빠 ☐☐ 친할아버지를 닮았어요.

6. 우리 집 ☐☐ 고양이도 검은 고양이예요.

7. 동물 춤은 동물을 ☐☐ 낸 춤이래요.

8. 새처럼 ☐☐☐☐ 부드러운 춤이에요.

9. 나무는 햇빛을 ☐☐☐☐ 쑥쑥 자라요.

10. 숲에 가면 ☐☐☐ 기분이 들어요.

찾아보기

『1단계 기본』에 수록된 기본 어휘와 속담, 관용 표현을 실었습니다.

기본 어휘 찾아보기

찾아보기

속담, 관용 표현 찾아보기

1주차 나의 문해력을 키워요!

1회 짧아진 바지

학습 체크 리스트

○ 나 ✕ 스티커를 붙이세요

💡 학습 계획일에 맞춰 꾸준히 문해력을 향상시켰나요?

💡 글을 잘 듣고 소리 내어 읽어 보았나요?

💡 주어진 문제는 이해하고 잘 풀었나요?

스스로 칭찬하는 말 한마디를 써 보세요.

2회 누가 먼저 먹는 게 좋을까?

학습 체크 리스트

○ 나 ✕ 스티커를 붙이세요

💡 학습 계획일에 맞춰 꾸준히 문해력을 향상시켰나요?

💡 글을 잘 듣고 소리 내어 읽어 보았나요?

💡 주어진 문제는 이해하고 잘 풀었나요?

스스로 칭찬하는 말 한마디를 써 보세요.

3회 더 높이, 더 멀리 가면 무엇이 있을까?

학습 체크 리스트

○ 나 ✕ 스티커를 붙이세요

💡 학습 계획일에 맞춰 꾸준히 문해력을 향상시켰나요?

💡 글을 잘 듣고 소리 내어 읽어 보았나요?

💡 주어진 문제는 이해하고 잘 풀었나요?

스스로 칭찬하는 말 한마디를 써 보세요.

4회 풀피리를 불어 보아요

학습 체크 리스트

○ 나 ✕ 스티커를 붙이세요

💡 학습 계획일에 맞춰 꾸준히 문해력을 향상시켰나요?

💡 글을 잘 듣고 소리 내어 읽어 보았나요?

💡 주어진 문제는 이해하고 잘 풀었나요?

스스로 칭찬하는 말 한마디를 써 보세요.

5회 날씨는 하늘이 준 선물

학습 체크 리스트

○ 나 ✕ 스티커를 붙이세요

💡 학습 계획일에 맞춰 꾸준히 문해력을 향상시켰나요?

💡 글을 잘 듣고 소리 내어 읽어 보았나요?

💡 주어진 문제는 이해하고 잘 풀었나요?

스스로 칭찬하는 말 한마디를 써 보세요.

2주차 나의 문해력을 키워요!

ERI 독해가 문해력이다 1단계 기본

1회 화날 땐 이렇게 해 봐!

학습 체크 리스트

●나 ✖ 스티커를 붙이세요

 학습 계획일에 맞춰 꾸준히 문해력을 향상시켰나요?

글을 잘 듣고 소리 내어 읽어 보았나요?

주어진 문제는 이해하고 잘 풀었나요?

스스로 칭찬하는 말 한마디를 써 보세요.

2회 우리의 영웅, 이순신

학습 체크 리스트

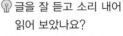 ●나 ✖ 스티커를 붙이세요

 학습 계획일에 맞춰 꾸준히 문해력을 향상시켰나요?

 글을 잘 듣고 소리 내어 읽어 보았나요?

 주어진 문제는 이해하고 잘 풀었나요?

스스로 칭찬하는 말 한마디를 써 보세요.

3회 까치야, 감을 먹어!

학습 체크 리스트

●나 ✖ 스티커를 붙이세요

 학습 계획일에 맞춰 꾸준히 문해력을 향상시켰나요?

 글을 잘 듣고 소리 내어 읽어 보았나요?

 주어진 문제는 이해하고 잘 풀었나요?

스스로 칭찬하는 말 한마디를 써 보세요.

4회 옛사람들의 마음을 담은 그림

학습 체크 리스트

●나 ✖ 스티커를 붙이세요

 학습 계획일에 맞춰 꾸준히 문해력을 향상시켰나요?

 글을 잘 듣고 소리 내어 읽어 보았나요?

 주어진 문제는 이해하고 잘 풀었나요?

스스로 칭찬하는 말 한마디를 써 보세요.

5회 쉿! 내 이야기를 들어 봐!

학습 체크 리스트

●나 ✖ 스티커를 붙이세요

 학습 계획일에 맞춰 꾸준히 문해력을 향상시켰나요?

 글을 잘 듣고 소리 내어 읽어 보았나요?

 주어진 문제는 이해하고 잘 풀었나요?

스스로 칭찬하는 말 한마디를 써 보세요.

EBS

당신의 문해력

문 · 해 · 력 · 은 EBS

초등

ERI 독해가
문해력
이다

1단계

기본

초등 1~2학년 권장

정답과 해설

한눈에 보는 정답
상세한 지문·문항 해설

ERI 독해가 문해력이다 1단계 기본

1주차 정답과 해설

1회 짧아진 바지
본문 15~16쪽

1 (1) (2)

2 ②

3 (3) ○

4 아버지

5 ⑤

6 (예) • 누가 바지를 줄일지 정합니다. / • 바지를 줄였으면 줄였다고 알려 줍니다. / • 바지를 줄이고 싶은 사람이 자기가 하겠다고 먼저 말을 합니다. 등

2회 누가 먼저 먹는 게 좋을까?
본문 21~22쪽

1 ④

2 (1) 첫째 (2) 셋째

3 골고루

4 (1) (2) (3)

5 (예) • 1번 토끼입니다. 배가 고프면 힘이 없기 때문입니다.
• 2번 토끼입니다. 일을 많이 하면 힘이 들기 때문입니다.
• 3번 토끼입니다. 몸이 제일 크니까 작은 토끼보다 많이 먹기 때문입니다. 등

3회 더 높이, 더 멀리 가면 무엇이 있을까?
본문 27~28쪽

1 ③

2 (1) 태양 (2) 달(별) / 별(달)

3 (1) 계단 (2) 비행기 (3) 우주선

4 ④

5 (1) 붉은 (2) 밝은 (3) 강렬한 (4) 빛나는

6 (예) • 강렬한 우주는 무서워요. / • 별들이 가득한 우주가 너무 멋져요. 등

4회 풀피리를 붙어 보아요
본문 33~34쪽

1 풀피리

2 (1) 윗면 (3) 잇입술 (4) 바람

3 공련

4 피리

5

6 ②

5회 날씨는 하늘이 준 선물
본문 39~40쪽

1 ②

2 ( ) (○) ( )

3 운동화

4 (1) 내린다 (2) 내린다

5 (2) ②

6 ②

인문|문화 · 179 · 트레이닝

🔊 소리 내어 읽고
스티커를 붙여 보세요.

짧아진 바지
전래

옛날 어느 마을에 선비와 부자가 살았어요.
선비와 부자에게는 딸이 셋씩 있었지요.

어느 날, 선비가 바지를 하나 샀는데 입어 보니 너무 길었어요.
그래서 딸들에게 줄여 달라고 부탁했지요.
다음 날 아침, 선비는 바지가 너무 짧아져 있어 깜짝 놀랐어요.
"아니, 이게 어떻게 된 일이냐?"
"이상하네, 어젯밤에 조금만 줄였는데……"
"애구머니나 언니가 줄인 줄도 모르고 내가 새벽에 또 줄였네."

그 말에 셋째 딸이 웃으며 말했어요.
"아침에 내가 또 줄였어."

㉠선비는 허허 웃고 말았지요.

그 일로 마을엔 ㉡선비의 딸들이 효심이 깊다는 말이 퍼졌어요.

샘이 난 부자는 긴 바지 하나를 사서 딸들에게 줄여 달라고 부탁했지요.
다음 날, 부자는 바지가 짧아져 있을 거라고 생각하며 바지를 입어 보았어요.
하지만 바지는 그대로였지요.
"당연히 동생들이 할 줄 알고……"
"이런 건 막내가 해야지."
"난 바느질도 못 하잖아."

서로 미루는 딸들을 보며 부자는
한숨만 쉬었답니다.

*선비: 도덕이나 예의를 갖춘 사람.

글의 내용 이해하기

1 이 글의 내용에 알맞은 그림을 스티커에서 찾아 붙여 보세요. [스티커]

(1) 선비가 사 온 바지가 길었음. → 딸들에게 바지를 줄여 달라고 부탁함. → 세 딸이 모두 조금씩 줄임.

(2) 부자가 긴 바지를 삼. → 딸들에게 바지를 줄여 달라고 부탁함. → 세 딸이 서로 미루고 아무도 줄이지 않음.

해설 선비는 세 딸이 모두 줄여서 짧은 바지를, 부자는 세 딸이 서로 미루고 줄이지 않아서 긴 바지를 입게 되었습니다.

글의 내용 이해하기

2 다음 중 가장 먼저 일어난 일은 무엇입니까? (②)
① 선비의 세 딸이 모두 바지를 줄였습니다.
② 선비가 딸들에게 바지를 줄여 달라고 부탁했습니다.
③ 부자가 딸들에게 바지를 줄여 달라고 부탁했습니다.
④ 선비네 딸이 효심이 깊다는 소문이 마을에 퍼졌습니다.
⑤ 부자의 딸들이 서로 미루고 아무도 바지를 줄이지 않았습니다.

해설 선비가 딸들에게 바지를 줄여 달라고 한 일이 가장 먼저 일어났습니다. 일이 일어난 시간 순서대로 하면 '② → ① → ④ → ③ → ⑤'입니다.

세부 내용 이해하기

3 ㉠에서 짐작할 수 있는 선비의 마음으로 알맞은 것에 ○표 하세요.
(1) 바지가 짧아져서 속상한 마음 ( )
(2) 아버지를 귀찮아하는 딸들 때문에 슬픈 마음 ( )
(3) 아버지에 대한 딸들의 효심이 깊어서 흐뭇한 마음 (○)

⏺ 내용 이해하고 추론하기

4 ㄴ과 같은 말이 마을에 퍼진 까닭은 무엇일지 빈칸에 들어갈 알맞은 말을 쓰세요.

세 딸이 모두 바지를 줄였다는 것은 세 딸 모두 │ 아 │ 버 │ 지 │ 를/을 위하는 마음을 가지고 있다는 것이기 때문입니다.

> 해설 ▶ 세 딸이 모두 아버지를 생각해 서로 미루지 않고 바지를 줄였기 때문입니다.

글의 내용 적용하기

> 해설 ▶ 선비의 딸들은 아버지를 위하고 효심이 깊었습니다. 선비의 딸들처럼 아버지를 위하는 행동을 한 친구는 '민석'입니다.

5 다음 중 선비의 딸들과 비슷한 행동을 한 친구는 누구입니까? (⑤)

① 동우: 아버지한테 화를 냈습니다.
② 연주: 아버지 심부름을 동생에게 미뤘습니다.
③ 지강: 아버지와 한 약속을 지키지 않았습니다.
④ 채희: 아버지가 하신 질문에 대답하지 않았습니다.
⑤ 민석: 아버지가 좋아하시는 음식을 읍리까지 가서 사 왔습니다.

> 해설 ▶ 선비의 딸들은 서로 누가 먼저 바지를 줄였다고 말을 하지 않아서 바지가 짧아졌습니다. 부지의 딸들은 서로 미루다가 긴 바지가 그대로였습니다. 그러면 로 바지를 줄일 사람을 정하거나, 자기가 한 일을 서로 알려 주는 방법을 찾아볼 수 있습니다.

⏺ 내용 이해하고 활동하기

6 아버지의 바지를 길이에 맞게 줄이려면 어떻게 하면 좋을지 써 보세요.

"애들아! 내 바지 좀 줄여 주겠니?"
"부지의 바지처럼 그대로 두면 안 돼."
"선비의 바지처럼 짧아지면 안 돼."

(예) • 누가 바지를 줄일지 정합니다.
• 바지를 줄일 수 있으면 줄였다고 알려 줍니다.
• 바지를 줄이고 싶은 사람이 자기가 하겠다고 먼저 말을 합니다. 등

어휘야 놀자~
흉내 낸 글자는 따라 쓰세요.

반대말

바지가 │ 길 │ 다 │ ↕ 바지가 │ 짧 │ 다 │

물이 │ 깊 │ 다 │ ↕ 물이 │ 얕 │ 다 │

옷을 │ 벗 │ 다 │ ↕ 옷을 │ 입 │ 다 │

반대말을 잘 보고 따라 써 봅니다.

재미있는 속담 익히기

바늘 가는 데 실 간다

"우리는 항상 같이 다녀."

바느질을 할 때 바늘과 실은 떼려야 뗄 수 없는 사이지요? 바느질을 할 줄 아는 것 하나라도 없으면 바느질을 할 수가 없어요. 그래서 '바늘 가는 데 실 간다'는 말은 아주 가까운 사람끼리 항상 붙어 다니는 모습을 나타내는 속담이에요.

속담을 따라 써 봅니다.

│ 바 │ 늘 │ 가 │ 는 │ 데 │ 실 │ 간 │ 다 │

독해지문 135
사회 | 역사

소리 내어 읽고 스티커를 붙여 보세요.

짝 듣고 따라 읽어 보세요.

누가 먼저 먹는 게 좋을까?

일요일 아침, 세 아이는 일찍 일어났습니다.

눈을 비비며 하품을 하는데 맛있는 요리 냄새가 났습니다.
(여러 가지 재료를 써서 일정한 방법으로 만든 음식)

세 아이는 냄새를 따라 부엌으로 갔습니다.

아빠와 엄마가 웃으며 요리를 하고 있었습니다.

세 아이는 식탁에 놓인 접시 앞에 앉았습니다.
(음식을 차려 놓고 먹는 큰 탁자)

아빠가 아이들에게 물었습니다.

"요리는 누가 접시에 제일 먼저 담아 좋을까?"
(가장 먼저)

첫째가 웃으며 말했습니다.
(세 아이 중 맏이)

"셋 중에 제일 먼저 태어난 사람이요."

그러자 제일 키가 큰 둘째가 말했습니다.
(세 아이 중 둘째)

"셋 중에 제일 키가 큰 사람이요."

둘의 말을 듣고 있던 셋째가 손을 들며 말했습니다.
(세 아이 중 막내)

"우리 집에서 아빠, 엄마가 제일 귀여워하는 사람이요."

웃으며 아이들의 말을 듣고 있던 엄마가 말했습니다.

"그럼, 섯이서 가위바위보를 하면 어때?"

그러자 세 아이 모두 얼굴을 찌푸리며 말했습니다.
(얼굴이나 모양을 몹시 찡그려 불쾌한 표정을 지음)

"그건 싫어요. 가위바위보를 해서 이긴 적이 없어요."

세 아이 중 누가 요리를 제일 먼저 받았을까?

글의 내용 이해하기

1 요리를 제일 먼저 받을 사람은 누구인지에 대해 말한 내용으로 알맞지 않은 것은 무엇입니까? (④)

① 첫째는 제일 먼저 태어난 사람이라고 말했습니다.
② 둘째는 제일 키가 큰 사람이라고 말했습니다.
③ 셋째는 아빠, 엄마가 제일 귀여워하는 사람이라고 말했습니다.
④ 아빠는 제일 먼저 부엌에 온 아이라고 말했습니다.
⑤ 엄마는 가위바위보를 해서 정하자고 말했습니다.

해설 아빠는 "요리는 누가 접시에 제일 먼저 담아 좋을까?"라고 먼저 담아 좋기만 했지 누구에게 담아 주겠다는 말은 하지 않았습니다.

낱말 뜻 이해하기

2 다음 글을 읽고, 빈칸에 들어갈 알맞은 말을 이 글에서 찾아 쓰세요.

• 여러 형제자매 중에서 맨 먼저 태어난 사람을 '맏이'라고 합니다.
• 여러 형제자매 중에서 맨 마지막으로 태어난 사람을 '막내'라고 합니다.

(1) 세 아이 중 맏이는 | 첫 | 째 | 아이입니다.

(2) 세 아이 중 막내는 | 셋 | 째 | 아이입니다.

해설 세 아이 중에서 '맏이'는 제일 먼저 태어난 첫째 아이이고, '막내'는 제일 마지막에 태어난 셋째 아이입니다.

세부 내용 이해하기

3 세 아이가 일어나자마자 부엌으로 간 까닭은 무엇인지 알맞은 것에 ○표 하세요.

세 아이는 (큰소리 / 노으으로 / 맛있는 요리 냄새를 맡았기) 때문입니다.

해설 코는 우리 몸에서 냄새를 맡는 일을 합니다.

흐리게 쓴 글자는 따라 쓰세요.

낱말을 쓸 때 잘못 쓰기 쉬운 낱말이 있습니다. 바르게 쓴 낱말을 잘 보고 따라 써 봅니다.

잘못 쓰기 쉬운 말

싫어요 (◎)	실어요 (✕)

싫어요 → | 싫 | 어 | 요 |

앉아요 (◎)	앉어요 (✕)

앉아요 → | 앉 | 어 | 요 |

찌푸리다 (◎)	찌프리다 (✕)

찌푸리다 → | 찌 | 푸 | 리 | 다 |

도움말 받침자 'ㅆ'과 'ㄶ'에 주의합니다. 모음자 'ㅜ'에 주의합니다.

재미있는 속담 익히기

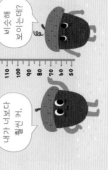

도토리 키 재기

'키가 작은 사람끼리 누가 더 크지 도토리 키 재기를 하고 있다. '라고 할 때 도토리 키 재기가 재기가 무슨 뜻일까요? 사실 도토리 열매는 크기가 다 고만고만하잖아요. 이처럼 차이가 거의 없는 고만고만한 사람끼리 서로 다툼을 하는 것을 이르는 말이에요. 서로 비슷하여 비교할 필요가 없을 때 사용하는 속담이지요.

내가 너보다 훨씬 커.
비슷해 보이는데?

속담을 따라 써 봅니다.

도	토	리	키	재	기
도	토	리	키	재	기

배경지식 활용하여 추론하기

4단계

스티커 가위바위보로 순서를 정하려고 합니다. 아래 그림을 낸 사람을 이기려면 가위, 바위, 보 중 무엇을 내야 할지 스티커에서 찾아 붙여 보세요.

(1)  (2)

(3)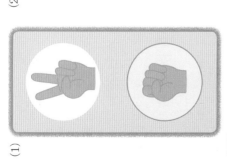

해설 '가위'를 이기려면 '바위', '바위'를 이기려면 '보', '보'를 이기려면 '가위'를 내야 합니다.

내용 이해하고 활동하기

5 당근이 10개 있습니다. 1~3번 토끼 중 누가 당근을 제일 많이 먹는 것이 좋을지 정하고, 그렇게 정한 이유를 써 보세요.

해설 세 마리의 토끼는 자기가 많이 먹어야 하는 이유를 말하고 있습니다. 10개의 당근을 어떤 토끼가 많이 먹어야 하는지 생각해 봅니다.

아침을 먹지 못해서 너무 배가 고파.

나는 오늘 일을 제일 많이 했어.

너희 중에 내가 제일 커.

예 • 1번 토끼입니다. 배가 고프면 힘이 없기 때문입니다.

• 2번 토끼입니다. 일을 많이 하면 힘이 많이 들기 때문입니다.

• 3번 토끼입니다. 몸이 제일 크니까 작은 토끼보다 많이 먹기 때문입니다. 등

어휘 지수
149
과학 | 자연

소리 내어 읽고 스티커를 붙여 보세요.
참 잘했어요!

잘 듣고 따라 읽어 보세요.

더 높이, 더 멀리 가면 무엇이 있을까?

고개를 들어 높은 곳을 보아요.
머리 위에 무엇이 있나요?
교실 천장이 보여요.

계단을 올라가면 무엇이 있을까요?
1층, 2층, …… 층마다 교실이 있어요.

계단을 끝까지 올라가면 무엇이 있을까요?
학교 옥상이 있어요.

열기구를 타고 높이 올라가면 무엇이 있을까요?
커다란 주머니에 공기보다 가벼운 기체를 넣어 높이 올라가도록 만든 물건
파란 하늘이 있어요.

비행기를 타고 높이 날아가면 무엇이 있을까요?
하얀 구름이 있어요.

우주선을 타고 멀리 날아가면 무엇이 있을까요?
우주를 비행할 수 있도록 만든 비행 물체
둥근 달이 있어요.

우주선을 타고 달보다 더 멀리 가면 무엇이 있을까요?
붉은 태양이 있어요.

우주선을 타고 태양보다 더 멀리 가면 무엇이 있을까요?
캄캄한 우주가 있어요. 그리고 반짝반짝 빛나는 별들이 있어요.

글의 내용 이해하기

1 이 글의 내용으로 알맞지 않은 것은 무엇입니까? (③)
① 우주에는 별들이 있습니다.
② 머리 위에는 교실 천장이 있습니다.
③ 열기구를 타고 올라가면 우주가 있습니다.
④ 계단을 올라가면 층마다 교실들이 있습니다.
⑤ 비행기를 타고 날아가면 하얀 구름이 있습니다.
해설 우주에 가려면 우주선을 타야 합니다.

낱말 뜻 이해하기

2 다음 문장에 알맞은 말을 보기 에서 찾아 쓰세요.

보기
• 달 • 별 • 태양

(1) 낮에는 하늘에 (태양)이 떠 있어요.
(2) 밤하늘을 보면 (달(별))과 (별(달))이 떠 있어요.
해설 낮에 하늘 위에 보이는 것은 태양이고, 밤에 하늘 위에 보이는 것은 달과 별입니다.

글의 내용 적용하기

3 그림에 있는 곳을 가려면 어떻게 가야 할까요? 빈칸에 들어갈 알맞은 말을 쓰세요.
해설 학교의 옥상은 계단으로 올라가고, 비행기를 타고 높이 날아가면 하얀 구름이 있다고 하였으며, 달에는 우주선을 타고 갑니다.

(1)
학교 옥상
에 가려면 계 단 을/를 올라가요.

(2)
하얀 구름
에 가려면 비 행 기 을/를 타고 가요.

(3)
달
에 가려면 우 주 선 을/를 타고 가요.

이해야 놀자~

흐리게 쓴 글자는 따라 쓰세요.

어휘 실쩨우기

글자는 같은데 뜻이 다른 낱말을 따라 써 봅니다.

고개

'고개'는 '사람 목의 뒷등 부분'을 뜻하기도 하고, '산이나 재가 넘어 다니는 언덕'을 뜻하기도 해요.

저 고개만 넘으면 집에 갈 수 있어!

잠을 잘못 잤나? 고개가 아프네.

고	개

고	개

재미있는 속담 익히기

하늘의 별 따기다

별 따러 가자.

'하늘의 별 따기다'라는 말을 들어 보았지요? 저 높은 하늘에 떠 있는 별을 딴다는 것은 사람의 힘으로는 할 수 없는 일이지요. 그래서 이 속담은 매우 어려워서 이루어지기가 거의 불가능하다는 뜻을 나타낼 때 쓰입니다. '노래를 못하는 내가 가수가 된다는 건 하늘의 별 따기야.'라고 할 때 쓰이지요.

속담을 따라 써 봅니다.

하	늘	의	별	따	기	다

세부 내용 이해하기

4 이 글에서 가장 높이, 가장 멀리 있는 것은 무엇이라고 하였습니까? (④)

① 달 ② 하늘 ③ 구름
④ 우주 ⑤ 교실

해설: 가장 높이, 가장 멀리 올라가면 있는 것은 우주입니다.

글의 내용 적용하기

5 보기와 같이 주어진 낱말을 꾸며 주는 말을 이 글에서 찾아 쓰세요.

보기
동그란 → 하 늘
파란 → 하 안 늘

(1) 둥 근 → 달
(2) 밝 은 → 태 양
(3) 깜 깜 한 → 우 주
(4) 빛 나 는 → 별

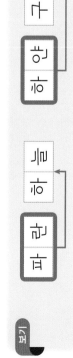
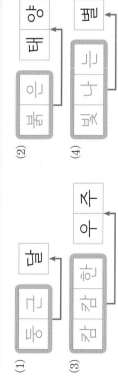

해설: 낱말 '하늘, 달, 태양, 우주, 별' 앞에서 꾸며 주는 낱말을 찾아봅니다.

배경지식 활용하여 추론하기

6 다음 장면을 보고, 라이카는 어떤 생각을 했을지 써 보세요.

나는 라이카야. 최초로 우주로 갔어.

그럼 나를 먼저 우주로 보내 보자.

사람이 우주선을 타도 안전할까?

해설: 우주선이 안전한지 알아보기 위해 개가 우주선을 먼저 탔습니다. 둘자 우주선을 타고 멀리 날아가는 개, 라이카가 어떤 생각을 했을지 자유롭게 써 보세요.

예
• 깜깜한 우주는 무서워요.
• 별들이 가득한 우주가 너무 멋져요. 등

ㄷ단계지 195 예술 | 문화

풀피리를 불어 보아요

잘 듣고 따라 읽어 보세요.

소리 내어 읽고 스티커를 붙여 보세요.

오늘 수업 시간에는 풀피리를 직접 만들어 불어 보기로 해요.

풀피리는 나뭇잎이나 풀요, 나무껍질로 만들어요. 피리처럼 입으로 불면 소리가 나지요. 풀피리는 옛날부터 있었던 악기랍니다. 옛날에는 임금님이 궁궐에 풀피리를 연주하는 사람들을 두었다고 해요.

그럼 이제 풀피리를 만들어 볼까요?

여러분 앞에 깨끗하게 씻은 나뭇잎이 하나씩 있을 거예요.

먼저 나뭇잎을 뒤집어 뒷면이 바깥으로 나오게 반으로 접어 주세요.

이것을 두 손으로 잡고 아랫입술과 윗입술로 살짝 붙여 주세요. 그리고 입으로 아랫입술을 막고 윗입술을 살짝 떨어지게 해요. 그 사이로 바람을 세게 붙어 소리를 내 보세요.

이때 소리가 나지 않는다고 슬퍼하지 마세요.

처음에는 소리를 내기 힘들어도 자꾸 하다 보면 풀피리 소리가 난답니다.

글의 내용 이해하기

1 이 글은 무엇에 대해 설명하고 있나요? 빈칸에 들어갈 알맞은 말을 이 글에서 찾아 쓰세요.

| 풀 | 피 | 리 | 를 만들어 부는 방법

해설 이 글에서는 '풀피리를 만들어 부는 방법'을 설명하고 있습니다.

새부 내용 이해하기

2 빈칸에 들어갈 알맞은 낱말을 차례로 쓰고, 풀피리를 부는 방법을 정리해 보세요.

(1) 나뭇잎을 뒤집어 | 뒷 | 면 | 이/가 바깥으로 나오게 반으로 접어 주세요.

(2) 이것을 두 손으로 잡고 아랫입술과 윗입술로 살짝 붙여 주세요.

(3) 입으로 아랫입술을 막고 | 윗 | 입 | 술 | 을/를 살짝 떨어지게 만드세요.

(4) 그 사이로 | 바 | 람 | 을/를 세게 붙어 소리를 내 보세요.

해설 나뭇잎은 뒷면이 바깥으로 나오게 반으로 접습니다. 그리고 입으로 아랫입술을 막고 윗입술을 살짝 떨어지게 해 바람이 입술 사이로 나오게 합니다.

낱말 뜻 이해하기

3 다음 뜻에 해당하는 낱말을 이 글에서 찾아 쓰세요.

임금이 살면서 나라를 다스리던 집.

→ | 궁 | 궐 |

해설 궁궐은 옛날에 임금이 살던 집을 말합니다.

소리에 쓴 글자는 따라 쓰세요.

어휘 설명하기

입으로 불어서 소리 내는 것들을 읽어보고 따라 써 봅니다.

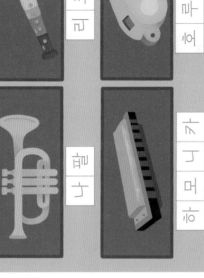

리 코 더

나 팔

호 루 라 기

하 모 니 카

재미있는 속담 익히기

입이 귀에 걸리다

우리가 나무 기쁘고 즐거우면 저절로 웃게 되지요? 입을 얼마나 크게 벌리면 귀가지 닿을까요? '입이 귀에 걸리다'는 '입꼬리가 귀 아래까지 올라가졌다.'라는 표현이에요. 매우 기쁘고 즐거워서 입을 크게 벌려 활짝 웃는 것을 표현한 말이랍니다. 비슷한 뜻으로 '입이 귀밑까지 찢어지다'라는 말도 쓰입니다.

새 신발이 너무 좋아요.

속담을 따라 써 봅니다.

입	이		귀	에		걸	리	다
입	이		귀	밑	까	지		찢	어	지	다

세부 내용 이해하기

4. 풀피리에 대한 설명으로 알맞은 말을 이 글에서 찾아 쓰세요.

풀피리는 [피 리] 처럼 입으로 불어서 소리를 냅니다.

해설 풀피리는 피리처럼 입으로 불면 소리가 납니다. 그래서 풀로 만든 피리라는 뜻으로 '풀피리'라는 이름이 붙었습니다.

세부 내용 이해하기

5. 이 글에서 풀피리를 만드는 재료는 무엇무엇이라고 했는지 모두 찾아 ○표 하세요.

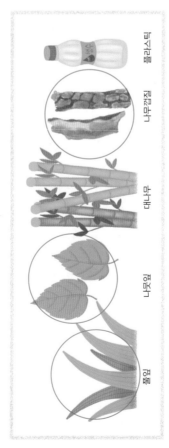

풀잎 나뭇잎 대나무 나무껍질 플라스틱

해설 풀피리는 나뭇잎이나 풀잎, 나무껍질로 만든다고 했습니다.

낱말 뜻 이해하기

6. 밑줄 친 말과 바꾸어 쓸 수 있는 말은 무엇입니까? (②)

이것을 두 손으로 잡고 아랫입술과 윗입술로 살짝 물어 주세요. 그리고 입으로 아랫입술을 막고 윗입술을 살짝 떨어지게 해요.

① 그러나　② 그다음　③ 그런데
④ 왜냐하면　⑤ 그러므로

해설 풀피리를 부는 방법을 이어서 설명해 주고 있으므로 '그다음'이 들어가는 것이 알맞습니다.

에너지 식 151 STEAM

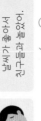

소리 내어 읽고 스티커를 붙여 보세요.
알았어요

날씨는 하늘이 준 선물

날씨는 매일 달라져요. 날씨가 달라지면 세상도 달라져요.

맑은 날씨는 햇빛이 맑게 비추어요. 이런 날은 가족과 나들이하기에 좋지요. 야외에서 신체하는 사람들도 많이 볼 수 있어요. 햇빛은 기분을 좋게 하고 건강도 좋아지게 하는 효과가 있답니다.

비 오는 날씨는 곡식과 식물을 쑥쑥 자라게 도와주어요. 여름에는 무더위를 식혀 주고요. 또 예쁜 무지개를 보이게도 하지요. 거리에는 우산을 쓴 사람들이 바쁘게 걸어가요.

눈 오는 날씨는 주위가 장갑을 끼고 털모자를 써야 해요. 하지만 주운 줄도 모르고 신나게 볼 수 있는 날씨랍니다. 눈사람을 만들고 눈싸움도 할 수 있거든요. 그래서 겨울이 되면 우리는 눈이 내리기를 기다려요.

바람 부는 날씨는 나무들에게도 귀한 선물이에요. 움직일 수 없는 나무는 모르고 신나게 춤을 추지요. 그때 떨어진 나뭇잎은 바람에 날려서 우리에게 온답니다.

㉠매일 달라지는 날씨는 하늘이 준 선물이에요.

*신체: 건강을 위해 서면서 천천히 걷는 일.
*눈싸움: 눈을 뭉쳐 상대방을 맞히는 놀이.

글의 내용 이해하기

1 이 글의 내용으로 알맞지 않은 것은 무엇입니까? (②)

① 날씨는 매일 달라집니다.
② 날씨는 선물을 좋아합니다.
③ 맑은 날씨는 나들이하기에 알맞습니다.
④ 날씨가 달라지면 할 수 있는 일도 달라집니다.
⑤ 비 오는 날씨는 여름철 무더위를 식혀 줍니다.

해설 다양한 날씨는 우리에게 선물이 되어 줍니다. 날씨가 달라짐으로써 할 수 있는 다양한 일들이 우리에게 주어지는데 이런 날씨가 나들이하기에 좋게, 선물과 같다는 의미입니다.

글의 내용 적용하기

2 ㉠에 해당되는 내용을 바르게 말한 친구는 누구인지 ○표 하세요.

날씨가 좋아서
친구들과 놀았어.

( )

비가 많이 와서
집이 물에 잠겼어.

( )

바람이 세차게 불어서
나무가 부러졌어.

( )

선물이란 반드시 사람에게 기쁨과 행복을 주는 것을 말합니다.

해설 선물이란 반드시 사람에게 기쁨과 행복을 주는 것을 말합니다.

배경지식 활용능력에 추론하기

3 다음 빈칸에 들어갈 알맞은 말을 보기 에서 찾아 쓰세요.

보기
• 발표회 • 운동회 • 음악회

나무 잎사귀나 좋지 않은 봄과 가을에는 즐거운 학교 행사가 있습니다. 전체 학생들이 청팀, 백팀으로 팀을 나누어 달리기, 줄다리기 등의 경기를 하는

 가 있습니다.

안 동 회

해설 날씨는 즐거운 일을 하게 해 줍니다. 가족과 함께 즐겁게 일을 할 수 도 있고, 친구와 신나게 놀 수도 있습니다. 학교생활도 마찬가지입니다. 운동회, 소풍도 날씨를 보고 정합니다.

흘리게 쓴 글자는 따라 써 봅니다.

'ㄹ' 받침이 들어 있는 낱말을 읽어보고 낱말을 바르게 따라 써 봅니다.

어휘 실제우기

맑다 하늘이 맑다.

맑 다	맑 다	맑 다
맑 다	맑 다	맑 다

도움말 [막따]라고 소리 납니다.

밝다 방 안이 밝다.

밝 다	밝 다	밝 다
밝 다	밝 다	밝 다

도움말 [박따]라고 소리 납니다.

읽다 책을 읽다.

읽 다	읽 다	읽 다
읽 다	읽 다	읽 다

도움말 [익따]라고 소리 납니다.

재미있는 속담 익히기

호랑이 장가가고, 여우가 시집가는 날

맑은 날에 해가 비치는데도 잠깐 내리다가 그치는 비를 보고 '여우비'라고 해요. 이렇게 여우비가 내리는 날, 옛 어른들은 '호랑이 장가가는 날'이라고 하든가 '여우가 시집가는 날'이라고 했어요.

> 오늘은 우리가 장가가고, 시집가는 날

속담을 따라 써 봅니다.

호	랑	이		장	가	가	는		날
여	우	가		시	집	가	는		날

낱말 뜻 이해하기

4 다음 밑줄 친 말과 바꾸어 쓸 수 있는 말을 보기 에서 찾아 쓰세요.

보기
• 내리다   • 넘친다   • 흐른다   • 쌓인다

(1) 비가 온다 ↑ 비가 [내 린 다]

(2) 눈이 온다 ↑ 눈이 [내 린 다]

해설 오가나 가는 것은 사람들이 하는 행동입니다. '온다'라는 표현은 '내린다'라는 말입니다. 비나 눈은 사람은 아니지만 마치 우리를 찾아서 오는 것처럼 여기고 쓰는 표현입니다

배경지식 활용하여 추론하기

5 다음 일기 예보를 읽고 할 수 있는 생각으로 알맞은 것에 ○표 하세요.

일기 예보

오늘은 온도가 34도까지 올라갑니다. 물을 자주 마시고 실내 온도는 26도 정도를 유지해 주세요. 그리고 더운 시간대인 낮 12시부터 오후 5시까지는 되도록 외출을 하지 말아 주세요.

(1) 친구랑 오후 2시에 놀이터에서 만나 신나게 놀아야겠어.   (   )

(2) 오늘같이 더운 날에는 실내에서 할 수 있는 놀이를 해야겠어.   (○)

해설 온도가 34도까지 올라간다는 것은 날씨가 덥다는 말입니다. 오후 2시에는 가장 더울 때이므로 외출을 하지 않는 것이 좋습니다.

내용 이해하고 활동하기

6 그림 속에서 비 오는 날 필요한 물건을 찾아 ○표 하고, 낱말을 따라 써 보세요.

해설 비 오는 날 필요한 물건에는 우산, 장화, 비옷 등이 있습니다. 비가 오는 상황을 생각해 봅니다.

우	산
장	화
비	옷

한눈에 보는 답

ERI 독해가 문해력이다

1단계 기본

2주차 정답과 해설

1회 오늘 딴 이렇게 해 봐! · 본문 47~48쪽

1 ③ 2 ⑤ 3 감정 4 화 5 (○)(○)( )
6

2회 우리의 영웅, 이순신 · 본문 53~54쪽

1 ⑤ 2 ④ 3 ⑤ 4 ⑤ 5 ③
6 예 • 거북선을 만들어 적을 물리쳤습니다.
• 현충사에 가면 이순신 장군에 대한 자료를 많이 볼 수 있습니다. 등

3회 까치야, 감을 먹어! · 본문 59~60쪽

1 ③ 2 ⑤ 3 (ㄴ) ↑ (ㄱ) ↓ (ㄷ) 4 까치, 까치
5  6 민들레  민들레나무

4회 옛사람들의 마음을 담은 그림 · 본문 65~66쪽

1 ⑤ 2 ①, ④ 3 민화 / 호랑이 4 ③ 5 새해
6

5회 쉿! 내 이야기를 들어 봐! · 본문 71~72쪽

1 ③ 2 ② 3 물
4 (1) ㉠ 나는 후다닥 화장실로 뛰어들어 갔어.
㉡ 물을 내리고 빗자루처럼 깨끗하게 한 후 화장실을 나왔어.
(2)
급해!	○
미안해!	
귀찮아!	
상쾌해!	○
5 거름, 거름 6 쓰레기통

화날 땐 이렇게 해 봐!

소리 내어 읽고
스티커를 붙여 보세요.

잘 듣고 따라
읽어 보세요.

인문 | 문학
ERI 지수 176

○화를 내 본 적 있나요?

우리는 화를 내면 안 된다고 배웠어요.

그래서 화는 나쁜 거라고 생각하기 쉽죠.

그런데 화는 누구나 느낄 수 있는 아주 자연스러운 ○감정이에요.

화를 내는 방법이 문제인 거죠.

엉뚱한 사람에게 화풀이를 하거나, 지나친 행동으로 화를 내면 안 되거든요.

그렇다면 화가 났을 땐 어떻게 해야 할까요?

화가 나면 마음속으로 1에서 15까지 수를 세 보세요. ┈ 화가 났을 때 해야 하는 행동①

아니면 화를 나게 만든 것으로부터 15초만 멀리 떨어져 있어 보세요. ┈ 화가 났을 때 해야 하는 행동②

어떤 감정이 시작되어 맨 꼭대기에 이르는 데까지는 15초가 걸린다고 해요.

15초가 지나면 어느새 화가 가라앉기 시작하거든요. ┈ 1(과 2)처럼 행동해야 하는 이유

그래서 ○15초만 내 마음을 잘 쓰다듬어 주면 된답니다.

이때 두 팔로 내 몸을 안아 주는 것도 좋아요.

속으로 '괜찮아. 그럴 수 있어.'라고 말해 주면서 말이에요.

그러면 화를 내고 나서 후회하는 일은 없을 거예요.

*감정: 슬픔 · 기쁨 · 좋음 · 싫음 따위의 마음 상태.
*화풀이: 화를 풀려고 엉뚱한 사람에게 화를 내는 것.

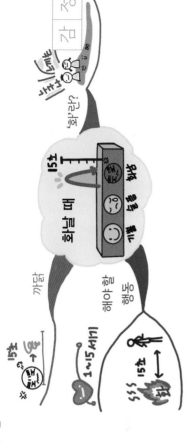

글의 내용 이해하기

1 '화'에 대한 설명으로 알맞지 않은 것은 무엇입니까? (③)

① 화는 나쁜 거라고 생각하기 쉽습니다.
② 지나친 행동으로 화를 내면 안 됩니다.
③ 누구에게나 바로바로 크게 화를 내야 합니다.
④ 화를 내는 방법에 따라 문제가 될 수도 있습니다.
⑤ 화는 누구나 느낄 수 있는 자연스러운 감정입니다.

해설 우리는 화를 내면 안 된다고 배워서 화내는 나쁜 거라고 생각하기 쉽습니다. 하지만 화는 나쁜 게 아니라 느낄 수 있는 자연스러운 감정이기 때문에 화를 내는 방법이 문제이지 화 자체가 나쁜 것은 아니라고 하였습니다.

낱말 뜻 이해하기

2 다음 중 ○ '감정'에 속하지 않는 것은 무엇입니까? (⑤)

① 슬픔 　 ② 기쁨 　 ③ 싫음
④ 좋음 　 ⑤ 높음

해설 '감정'은 슬픔 · 기쁨 · 싫음 · 좋음 따위의 마음 상태를 이르는 말입니다.

전체 내용

3 이 글의 내용을 정리한 마인드맵입니다. 빈칸에 들어갈 알맞은 말을 쓰세요.

마인드맵

해설 '화'는 누구나 느끼는 감정입니다. 화낼 때 15초를 세는 까닭은 어떤 감정이 최고에 이르는 데까지 15초가 걸린다고 하기 때문입니다. 그래서 화가 날 때 마음속으로 1~15까지 수를 세면 화가 가라앉기 시작합니다.

이해야 놀자~

흐리게 쓴 글자는 따라 쓰세요.

어휘 살펴보기

기분이 안 좋을 때 쓰는 낱말들을 읽어보고 따라 써 봅니다.

화	화 나 다
	화 를	내 다

골	골 나 다
	골 을	내 다

도움말 '골'은 '언짢은 일을 당하여 벌컥 내는 화.'를 뜻하는 말입니다.

재미있는 속담 익히기

소 잃고 외양간 고친다

옛날에는 주로 농사를 짓고 살아서 소가 귀한 재산이었어요. 이 소를 기르는 곳이 외양간이에요. 만약 소를 넣고 나서 망가진 외양간 문을 고쳐 봤자, 이미 도망간 소가 다시 돌아오지는 않겠죠?

이 속담은 이처럼 평소에는 가만히 있다가 일을 당하고 나서야 뒤늦게 손을 쓴다는 뜻이에요. 또, 이미 일이 잘못된 뒤에는 아무리 뉘우쳐도 소용없다는 뜻도 담겨 있지요.

나중에 후회하지 않게 미리미리 준비하고 노력하는 자세가 중요하답니다.

(말풍선) 안, 여기가 안 좋아.

(말풍선) 외양간을 다 고쳤는데, 소가 없어

속담을 따라 써 봅니다.

소	잃 고	외 양 간	고 친 다

글의 내용 적용하기 4

㉣과 같이 말한 까닭은 무엇일지 빈칸에 공통으로 들어갈 알맞은 말을 쓰세요.

[화] 을/를 내고

15초가 지나면 [화] 이/가 가라앉기 시작합니다. 따라서 [화] 을/를 내고 후회할 만한 행동은 하지 않게 될 것입니다.

해설 15초가 지나면 화가 가라앉기 시작하므로, 15초만 내 마음을 잘 다스리면 주변 사람에게 화내고 후회하는 일은 없어질 것이라고 하였습니다.

글의 내용 적용하기 5

다음 중 화가 났을 때 알맞게 행동한 친구를 찾아 모두 ○표 하세요.

옆에 있던 양동이를 발로 걷어차서 찌그러뜨렸어. ( )

두 팔로 내 몸을 안고 나를 쓰다듬어 줬어. ( )

나는 속으로 수를 세며 마음을 가라앉혔어. ( )

해설 화가 났을 때 15초만 스스로의 마음을 쓰다듬어 주면 주변에 화를 내어 나중에 후회하는 일은 없어질 것이 라고 하였습니다.

내용 이해하고 활동하기 6 스티커

강아지가 느꼈을 감정에 알맞은 스티커를 찾아 붙여 보세요.

해설 동물들도 기분이 좋거나 화가 나는 등의 감정을 느낍니다. 따라서 동물이라 고 함부로 대하면 안 됩니다.

소리 내어 읽고
스티커를 붙여 보세요.

정답을 따라
읽어 보세요.

우리의 영웅, 이순신

이순신 장군은 훌륭한 장군이 되어 나라를 지키겠다는 ㉠꿈을 가지고 있었어요. 그리고 어려서부터 전쟁놀이를 좋아했습니다.

아이들이 전쟁놀이 할때 내는 노는 놀이

하루는 동네 아이들과 전쟁놀이를 한 때였어요. 한 노인이 그 길을 지나려고 했어요. 아이들은 당연히 길을 비켜 주었지요. 그러나 어린 이순신은 그 노인의 앞을 가로막았어요.

마땅히 그러하게
다시지 못하도록 막았음

화가 난 노인이 물었어요.

"얘야, 왜 어른이 내 앞을 가로막느냐?"

어린 이순신은 당당하게 말했어요.

멋멋하게

"우리는 지금 전쟁놀이를 하고 있습니다. 전쟁 중에는 우리 땅에 아무도 들어올 수 없습니다."

나와 나라 사이에 무기를 이용해 싸우는 것

노인은 다시 물었어요.

"왕이 지나가면 어떻게 할 것이냐?"

"어찌 왕께서 전쟁터를 지나가시게 합니까? 제가 장군이 되면 절대 ㉡그런 일은 없을 것입니다."

전쟁을 하고 있는 곳
어떤 일이 있어도

"하하, 그놈 참 대단하구나."

노인은 순신의 말을 듣고 길로 돌아서 갔어요.

글의 내용 이해하기

1 이 글의 내용으로 알맞지 않은 것은 무엇입니까? (⑤)

① 이순신의 어릴 적 꿈은 장군이 되는 것이었습니다.
② 순신은 노인에게 자신의 생각을 당당히 밝혔습니다.
③ 결국 노인은 순신이 가로막은 길로 지나가지 못했습니다.
④ 전쟁놀이를 하던 아이들은 노인에게 길을 비켜 주었습니다.
⑤ 노인은 순신의 말을 듣고 처음보다 더 크게 화를 냈습니다.

해설 노인은 순신의 말을 듣고 처음보다 더 크게 화를 낸 것이 아니라 순신의 말이 옳다고 생각되어 고 개를 끄덕이며 다른 길로 돌아서 간 것입니다.

세부 내용 이해하기

2 어린 순신이 좋아했던 놀이는 무엇입니까? (④)

① 딱지치기
② 공기놀이
③ 땅따먹기
④ 전쟁놀이
⑤ 줄다리기

해설 어린 순신의 꿈은 나라를 지키는 장군이 되는 것이었습니다. 그래서 어려서부터 전쟁놀이를 좋아 했습니다.

세부 내용 이해하기

3 어린 순신이 길을 지나려는 노인의 앞을 가로막은 이유는 무엇입니까? (⑤)

① 전쟁놀이를 같이하려고
② 노인에게 인사를 하려고
③ 노인을 지름길로 가게 하려고
④ 위험한 것으로부터 노인을 지켜 주려고
⑤ 전쟁 중인 순신의 땅에 들어오는 것을 막으려고

해설 어린 순신은 전쟁놀이를 하고 있었습니다. 그래서 길을 지나려는 노인이라도 전쟁 중에는 순신의 땅에 아무도 들어올 수 없다고 말하였습니다.

이휘야 놀자~

흐리게 쓴 글자는 따라 쓰세요.

우리말에는 나이에 따라 부르는 낱말이 따로 있습니다. 어떤 낱말이 있는지 알아보고 따라 써 봅니다.

어휘 실제우기

어린이 '어린아이'를 대접하거나 이르는 말.

어	린	이
어	린	이
어	린	이

도움말: 대개 4, 5세부터 초등학생까지의 아이를 말합니다.

젊은이 나이가 젊은 사람.

젊	은	이
젊	은	이

늙은이 나이가 들어 늙은 사람.

늙	은	이
늙	은	이

도움말: 비슷한 말로 '노인'이 있습니다.

재미있는 우리말 익히기

우리말 중에 '고개'와 관련 있는 재미있는 말을 알아보고 따라 써 봅니다.

고개를 끄덕이다 옳다거나 좋다는 뜻으로 고개를 위아래로 흔든다.

고	개	를	끄	덕	이	다

고개를 흔들다 거절하는 뜻으로 고개를 좌우로 움직이다.

고	개	를	흔	들	다

고개를 돌리다 어떤 사람, 일, 상황 따위를 모르는 척 외면하다.

고	개	를	돌	리	다

낱말 뜻 이해하기

4. 밑줄 친 말이 ㉠ '꿈'과 같은 뜻으로 쓰인 것은 무엇입니까? (⑤)

① 민수: 어젯밤에 무서운 꿈을 꾸었어.
② 아영: 돌아가신 할머니가 꿈에 보였어.
③ 현희: 꿈에서 깨어 보니 벌써 아침이야.
④ 명희: 꿈속에서 형이랑 신나는 놀이를 했어.
⑤ 정호: 앞으로 우주 과학자가 되는 것이 나의 꿈이야.

해설: ㉠과 ⑤의 '꿈'은 자기가 이루고 싶은 희망'을 말합니다. 이외 ②~④의 '꿈'은 '잠자는 동안에 꾸는 것'이라는 뜻입니다.

세부 내용 이해하기

5. ㉡ '그런 일'은 어떤 일을 말하는 것입니까? (③)

① 노인에게 칭찬을 듣는 일
② 노인과 길에서 다시 만나는 일
③ 왕에게 전쟁터를 지나가시게 하는 일
④ 노인에게 사과하고 길을 비켜 주는 일
⑤ 동네 아이들과 집에서 전쟁놀이를 하는 일

해설: 어린 순신이 자기가 장군이 되면 왕께서 전쟁터를 지나가시게 하는 일은 절대 없을 거라고 하였습니다.

배경지식 활용하여 추론하기

6. 이순신 장군에 대해 알고 있는 것을 생각나는 대로 써 보세요.

해설: '이순신은 충무공이라고 부릅니다.', '이순신 장군은 전쟁 중에 돌아가셨습니다.' 등 이순신 장군에 대한 책이나 영화에서 보았던 것 중에 생각나는 것을 자유롭게 써 봅니다.

예: 거북선을 만들어 적을 물리쳤습니다.

현충사에 가면 이순신 장군에 대한 자료를 많이 볼 수 있습니다. 등

소리 내어 읽고 스티커를 붙여 보세요.

잘 듣고 따라 읽어 보세요.

까치야, 감을 먹어!

할머니 댁 앞마당 한가운데에 커다란 감나무가 있어요.
바로 가운데

가을이 되면 맛있는 감이 주렁주렁 달려 있어요.
열매가 많이 얽혀 있는 모양

초록색이던 감이 주황색으로 변한 거예요.

감이 맛있게 익은 거예요.
열매가 다 자라 맛있게 된

감이 다 익으면 감을 따야 해요.

긴 막대기를 가지고 감나무를 흔들지요.
가늘고 긴 나무토막

그러면 맛있는 감이 바닥으로 떨어지지요.
맨 아래쪽의 평평한 부분

조심조심 떨어진 감을 주워서 담아요.

그런데 올려다보니 감나무 꼭대기에 감이 몇 개 남아 있어요.

"저 감은 왜 안 따요?"

나는 궁금해서 할머니께 여쭈어보았어요.
'까치밥'이라고 합니다.

"그건 까치 주려고 남겨 둔 거야."

"왜 까치를 줘요?"

"추운 겨울에 까치가 먹을 게 없을까 봐 그런단다. 그런데 까치가 감을 먹
고 다른 곳으로 날아가 똥을 누면, 똥 속에 있던 감 씨앗은 땅으로 떨어져.
그곳에서 또 감나무가 자라나지."
널리 퍼지게 하는, 퍼뜨리는

아하! 까치에게 감을 주면, 까치가 감 씨앗을 멀리 퍼뜨리는 거군요.

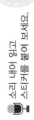

글의 내용 이해하기

1 이 글의 내용으로 알맞은 것은 무엇입니까? (③)

① 초록색 감은 맛있습니다.
② 초록색 감이 열리면 바로 감을 땁니다.
③ 감나무 꼭대기에 감 몇 개를 남겨 둡니다.
④ 할머니 댁 뒷산에 커다란 감나무가 있습니다.
⑤ 감이 다 익으면 나무 위에 올라가 감을 땁니다.

해설 할머니 댁 앞마당에 감나무가 있습니다. 감은 주황색에 되면 익은 것입니다. 감이 익으면 긴 막대
기로 감나무를 흔들어 감을 땁니다.

세부 내용 이해하기

2 까치에게 감을 남겨 주는 이유는 무엇입니까? (⑤)

① 감이 너무 많기 때문입니다.
② 먹을 사람이 없기 때문입니다.
③ 까치를 좋아하기 때문입니다.
④ 너무 높은 곳에 있어서 따지 않았기 때문입니다.
⑤ 추운 겨울에 오면 까치가 먹을 것이 부족하기 때문입니다.

해설 추운 겨울에 오면 먹을 것이 부족하므로 까치를 위해 감을 다 따지 않고 남겨 두는 것입니다.

세부 내용 이해하기

3 까치가 감을 먹으면 일어나는 일을 보기 에서 찾아 순서대로 기호를 쓰세요.

해설 까치가 감을 먹고 다른 곳으로 날아가 똥을 누면, 똥 속에 있던 씨앗이 땅으로
떨어져 감나무가 자랍니다.

보기
㉠ 날아가면 까치가 똥을 눕니다.
㉡ 까치가 감을 먹고 다른 곳으로 날아갑니다.
㉢ 똥 속에 있던 씨앗이 땅에 떨어져 쌓여 남습니다.

까치가 감을 먹어요.

(㉡) ⬆ (㉠) ⬆ (㉢) ⬆ ( )

감나무가 자라요.

이휘야 놀자~

흥미롭게 쓴 글자는 따라 쓰세요.

어휘 살찌우기

우리 옛날이야기에 자주 등장하는 '까치'와 관련 있는 낱말들을 따라 써 봅니다.

까치가 먹으려고 남겨 놓은 감.

| 까 | 치 | 밥 | 까 | 치 | 밥 |

까치의 집.

| 까 | 치 | 집 | 까 | 치 | 집 |

발뒤꿈치를 들고 앞부분으로만 서 있는 것.

| 까 | 치 | 발 | 까 | 치 | 발 |

재미있는 속담 익히기

감나무 밑에 누워서 홍시 떨어지기를 기다린다

딱기 귀찮은데, 저 감은 언제 떨어지지요?

*홍시가 떨어지면 먹으려고 감나무 밑에 가서 입 벌리고 누워있는 말이에요. 감이 열리면 긴 나무로 감을 따서 먹어야 하는데, 저절로 감이 떨어져 입속으로 들어오기를 기다린다니 참 어리석죠?
그래서 아무런 노력도 안 하고 좋은 결과가 이루어지기만 바라는 어리석은 사람을 말할 때 쓰이는 속담입니다.

*홍시: 물렁하게 잘 익은 감.

속담을 따라 써 봅니다.

| 감 | 나 | 무 | 밑 | 에 | 누 | 워 | 서 | 홍 | 시 |
| 떨 | 어 | 지 | 기 | 를 | 기 | 다 | 린 | 다 | |

낱말 뜻 이해하기

4 다음 빈칸에 공통으로 들어갈 앞맺은 말을 이 글에서 찾아 쓰세요.

| 까 | 치 | 이/가 먹으라고 따지 않고 몇 개 남겨 두는 감

| 까 | 치 | 밭이라고 합니다.

> 해설 '까치밥'은 까치가 먹으라고 따지 않고 몇 개 남겨 두는 감입니다.

내용 이해하기

5 가을이 되면 감나무의 감은 무슨 색으로 변하는지 색칠해 보세요.

> 해설 감은 가을이면 다 익어서 서이 주황색으로 변합니다.

배경지식 활용하여 활동하기

6 바람에 날려 씨를 퍼뜨리는 식물을 스티커에서 찾아 붙여 보세요.

> 해설 민들레 씨앗은 바람에 날리기 좋게 씨앗마다 하얀 깃털이 달려 있고, 단풍나무 씨앗은 날개가 달려 있어 바람을 타고 먼 곳으로 날아갑니다.

민들레　　단풍나무

167 예술｜문화

소리 내어 읽고
스티커를 붙여 보세요.

잘 듣고 따라
읽어 보세요.

옛사람들의 마음을 담은 그림

일반 백성들

여러분, 안녕하세요. 저는 이곳 미술관에서 그림을 설명해 주는 일을 하고 있는 사람입니다. 여러분은 이런 그림을 본 적이 있나요? 이 그림은 옛날에 이름이 알려지지 않은 사람들이 그렸던 그림입니다. 보통 사람들의 생활 모습을 그렸다고 해서 민화라고 해요.

그림에서 보이는 것들을 말해 볼까요? 네, 호랑이, 까치, 소나무가 보이죠? 그래서 이런 그림을 '까치호랑이그림'이라고 한답니다.

소나무 위에 까치가 있고 그 아래 호랑이가 있는 그림

옛날에는 새해가 되면 집에 '까치호랑이그림'을 걸었다고 합니다. 서로에게 선물을 하기도 했고요. 왜 그랬을까요? '까치호랑이그림'을 걸어 두면 나쁜 일이 일어나지 않을 거라고 생각했기 때문입니다. 옛날 사람들은 아침에 까치가 울면 좋은 일이 일어난다고 생각했대요. 또 호랑이가 귀신을 쫓아낸다고 생각했답니다.

이제 그림 속 호랑이가 어때 보이나요? 우리를 지켜 준다고 생각하면 친구 같지 않나요? 집에 돌아가면 '까치호랑이그림'을 한번 그려 보세요.

글의 내용 이해하기

1 이 글의 내용으로 알맞지 않은 것은 무엇입니까? (⑤)

① 까치호랑이그림은 옛날 사람들이 그렸던 그림입니다.
② 옛날 사람들은 호랑이가 귀신을 쫓아 준다고 믿었습니다.
③ 옛날 사람들은 까치호랑이그림을 선물로 주고받았습니다.
④ 옛날에는 새해에 까치호랑이그림을 집에 걸기도 했습니다.
⑤ 요즘 사람들도 호랑이가 우리를 지켜 준다고 믿고 있습니다.

해설 요즘 사람들이 호랑이가 우리들을 지켜 준다고 믿고 있다는 내용은 나와 있지 않습니다. 그림 속 호랑이를 보고 우리를 지켜 준다고 생각하면 친구 같지 않느냐고 묻고 있을 뿐입니다.

세부 내용 이해하기

2 이 글의 '까치호랑이그림'에 나와 있지 않은 것을 모두 찾아보세요. (①, ④)

① 참새
② 까치
③ 호랑이
④ 고양이
⑤ 소나무

해설 이 글의 〈까치호랑이그림〉에서 볼 수 있는 것은 '까치, 호랑이, 소나무'입니다.

전체 내용 구성하기

3 이 글의 내용을 정리한 마인드맵입니다. 빈칸에 들어갈 알맞은 말을 쓰세요.

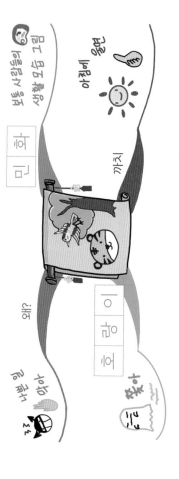

민화
보통 사람들의
생활 모습 그림

까치호랑이그림
왜?

호랑이 - 귀신

까치 - 아침에

소나무

해설 민화는 보통 사람들이 생활 모습을 그린 그림입니다. '까치호랑이그림'을 걸어 두면 나쁜 일을 막아 준다고 생각했습니다. 까치가 아침에 울면 좋은 일이 생기고, 호랑이는 귀신을 쫓아낸다고 생각했습니다.

어휘야 놀자~

소리내 쓴 글자는 따라 쓰세요.

세부 내용 이해하기

4. 밑줄 친 '친구'는 누구를 가리키는 것입니까? (③)

이제 그림 속 호랑이가 어떻게 보이나요? 우리를 지켜 준다고 생각하면 친구
같지 않나요? 집에 들어가면 '까치호랑이그림'을 한번 그려 보세요.

① 귀신 　　② 까치 　　③ 호랑이
④ 소나무 　　⑤ 옛날 사람들

해설 : 그림 속 호랑이가 어떻게 보이나요? '라고 묻고, 이어서 호랑이를 가리키며 친구 같지 않냐고 묻고 있
습니다.

낱말 뜻 이해하기

5. 다음 뜻에 해당하는 낱말을 이 글에서 찾아 쓰세요.

한 해가 다 가고 새로 시작되는 해.

새	해

해설 : '한 해가 다 가고 새로 시작하는 해.'라는 뜻을 지닌 낱말은 '새해'입니다. 새해에 하는 인사말로 '새
해 복 많이 받으세요.'가 있습니다.

내용 이해하고 활동하기

6. 민화를 그린 옛사람들의 마음을 생각하며 '까치호랑이그림'을 색칠해 보세요.

해설 : 옛날 사람들은 까치를 행운을 가져다주는 새로, 호랑이를 사람들을 지켜 주
는 동물로 생각했습니다. 민화 속 호랑이를 보고 마음껏 색칠해 봅니다.

낱말의 뒤에 '관'이 붙은 낱말을 읽어보고 따라 써 봅니다.

어휘
살찌우기

'ㅁ음관'에서 글자 '관'은 낱말의 뒤에 붙어 '건물' 또는
'장소' 등의 뜻을 나타냅니다.

관

도	서	관

박	물	관

영	화	관

재미있는
속담 익히기

하룻강아지 범 무서운 줄 모른다

'범'은 호랑이를 뜻하는 우리말이에요. 그리고 '하룻강아지'의 '하룻'은
'많이나 개 등과 같은 동물의 '한 살'을 가리키는 옛말입니다.
한 살짜리 강아지가 호랑이 무서운 줄 모르고 덤비면 어떻게 될까요?
이 속담은 아무 힘도 없으면서 철없이 함부로 나서다가 크게 당한다는
뜻을 담고 있지요.
*하룻: 나이가 한 살된 소, 말, 개 따위를 이르는 '하릅'에서 온 말.

나도 힘이
세다고

고, 아야!
깜짝이야!

속담을 따라 써 봅니다.

하	룻	강	아	지		범		무	서	운		줄

모	른	다	.

ERI지수 **153** STEAM

소리 내어 읽고 스티커를 붙여 보세요.

잘 듣고 따라 읽어 보세요.

쉿! 내 이야기를 들어 봐!

"급하다, 급해."

㉠나는 후다닥 화장실로 뛰어들어 갔어.

변기에 앉아서 똥을 뿌지직 누었지.

똥을 누는 동안 심심해서 변기에게 말을 걸었어.

"나는 똥이 더럽지 않니?"

"똥이 더러운 게 아니야. 옛날에는 거름으로 사용할 정도로 귀한 것이었
어. 나도 똥 덕분에 너랑 만날 수 있잖아?"

"나는, 네 자신이 싫어지고 싶지 않니?"

"싫어지고 싶지 않아. 나는 사람들에게 꼭 필요한 것이니까. 그리고 사람
들이 나를 보고 웃으면 기분이 좋아."

"나를 더럽게 하는 사람들에게 하고 싶은 말이 있니?"

"나를 사용한 후에는 꼭 깨끗하게 정리해 주면 좋겠어."

이야기를 하다 보니 똥을 다 누었어. ㉡똥을 내리고 뒷정리를 깨끗하게 한
후 화장실을 나왔어.

'화장실이 없었던 옛날에는 어디에서 똥을 누었을까?'

궁금해서 화장실에 관한 책을 찾아보았어.

그런데 배가 또 아프기 시작하더니 '뿡' 방귀가 나오는 거야.

나는 다시 후다닥 화장실로 달려갔지.

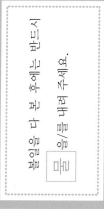

글의 내용 이해하기

1 이 글을 읽고 든 생각으로 알맞지 **않은** 것은 무엇입니까? (③)

① 소아: 화장실은 우리에게 꼭 필요한 곳이야.

② 은실: 옛날에는 변기가 똥을 귀하게 생각했대.

③ 주연: 변기는 사람들이 오는 것을 좋아하지 않아.

④ 보인: 나도 일을 다 본 후에는 뒷정리를 잘 해야겠어.

⑤ 아현: 나도 옛날 사람들은 어디에서 똥을 누었는지 알아보고 싶어.

해설: 변기는 자신이 사람들에게 꼭 필요한 것이라고 했습니다. 그리고 사람들이 자신을 보며 웃으면 기분이 좋다고 했습니다.

세부 내용 이해하기

2 ㉠에서 '내'가 후다닥 화장실로 뛰어들어 간 까닭은 무엇입니까? (②)

① 심심해서

② 똥을 누기 위해서

③ 변기에 앉아 보고 싶어서

④ 변기와 대화를 하기 위해서

⑤ 화장실을 깨끗하게 정리하려고

해설: "급하다, 급해."라고 말하며 화장실로 뛰어들어 가자마자 똥을 누었다고 했습니다.

글의 내용 적용하기

3 ㉡과 관련하여 다음 빈칸에 들어갈 알맞은 말을 쓰세요.

화장실에 갔더니 다음과 같은 종이가 붙어 있었습니다.

> 볼일을 다 본 후에는 반드시
> [물] 을/를 내려 주세요.

해설: 볼일을 본 후에는 반드시 물을 내려야 합니다. '볼일'은 똥이나 오줌을 이르는 말입니다.

이휘야 놀자~

흐리게 쓴 글자는 따라 써 봅니다.

어휘 살찌우기

화장실과 관련 있는 낱말을 따라 써 봅니다.

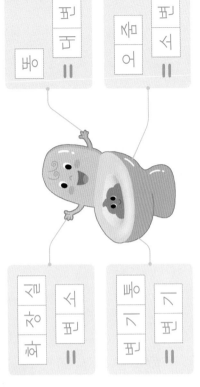

똥 = 대변
어름 = 소변

화장실 = 변소
변기통 = 변기

재미있는 속담 익히기

똥 묻은 개가 겨 묻은 개 나무란다

다려워. 네가 더러워.

자신의 잘못이나 흉*은 더 크게 자신의 잘못이나 흉은 알지 못하고 도리어 이 남의 작은 잘못을 탓한다는 뜻입니다.
반대로 '겨*묻은 개가 똥 묻은 개
나무란다'는 흉이 있기는 마찬가지
이면서, 조금 덜한 사람이 더한 사
람을 흉볼 때에 쓰는 말입니다.
'겨'는 상대적으로 작은 흉을, '똥'
은 상대적으로 큰 흉을 뜻합니다.

*흉: 남에게 비웃음을 살 만한 일이나 행동.
*겨: 곡식을 찧을 때 벗겨져 나온 껍질 부스러기.
*나무란다: 상대방의 잘못이나 부족한 점을 꼬집어 말한다.

속담을 따라 써 봅니다.

똥	묻	은		개	가		겨	묻	은
개		나	무	란	다				

글의 내용 적용하기

4 ㉠과 ㉡의 상황에서 '나'의 마음은 닮았을 것입니다. ㉠과 ㉡에 어울리는 마음을 나타내는 말에 ○표 하세요.

(1) ㉠ 나는 후다닥 화장실로 뛰어들어 갔어.

급해! ○
미안해!

(2) ㉡ 똥을 내리고 뒷정리를 깨끗하게 한 후 화장
실을 나왔어.

귀찮아!
상쾌해! ○

해설 ㉠은 똥이 마려운 상황이기 때문에 급한 마음이고, ㉡은 똥을 다 누고 뒷정리까지 마치고 화장실을
나온 상황이기 때문에 상쾌한 마음입니다.

낱말 뜻 이해하기

5 다음 글을 읽고, 빈칸에 공통으로 들어갈 알맞은 말을 이 글에서 찾아 쓰세요.

곡식이 잘 자라려면 | 거 | 름 |을/를 주어야 합니다.
| 거 | 름 |은/는 사
람이나 동물의 똥과 썩은 풀 등을 섞어서 만듭니다. 그래서 햇날에는 똥이 귀한
대접을 받은 것입니다.

해설 거름을 주는 것은 농사가 잘 되게 하기 위해 땅을 기름지게 하는 것입니다.

내용 이해하고 활동하기

6 다음에서 말하는 밑줄 친 '나'는 누구인지 써 보세요.

청소하고
나온 쓰레기는
'나'에게 주세요.

더러운
휴지는
'나'에게 주세요.

'나'는 쓰레기를
담아 두는
통이에요.

쓰	레	기	통

해설 쓰레기통은 화장실의 변기처럼 우리 주변의 더러운 쓰레기를 모두 받아 줍니다.

ERI 독해가
문해력이다 1단계 기본

3주차 정답과 해설

한눈에 보는 답

1회 빨강 부채 파랑 부채
본문 79~80쪽

1 ④ 2 빨강 부채 / 파랑 부채 3 적
3 짧아지는
5 (1) 숨이불 / 난로 (2) 선풍기 / 얼음
6

2회 콜럼버스가 도착한 땅은 어디일까?
본문 85~86쪽

1 후추 2 ⑤ 3 적
4 발견 5 (2)○
6

3회 손잡이를 꼭 잡으세요!
본문 91~92쪽

1 ② 2 ② 3 앞
4 ④ 5 ⑤
6
출발함 갑자기 멈춤

4회 태권도를 배우고 싶어요
본문 97~98쪽

1 ④ 2 주먹 / 발
3 (1)○ (3)○
4 지르기
5 (1)○
6
발 차기 막기
겨루기 얼굴 막기

5회 둥둥 물이 담영
본문 103~104쪽

1 ⑤ 2 ④ 3 물 / 비
4 대롱대롱 5 (2)○
6

빨간 부채 파란 부채

ERI 지수 199 · 인문 | 문화

소리 내어 읽고 스티커를 붙여 보세요.

잘 듣고 따라 읽어 보세요.

나무꾼이 산속에서 부채 두 개를 주웠어요.
코에 대고 부치면 ㉠길어지는 빨간 부채와
코가 짧아지는 파랑 부채였지요.

마을로 내려왔을 때 부잣집에선 잔치가 벌어지고 있었어요.
'나만 빼놓고 잔치를 하다니, 가난하다고 무시하는군.'
나무꾼은 부자한테 몰래 다가가 빨강 부채를 부쳤어요.

그러자 부자의 코가 쭉 늘어났지요.
"아이고, 내 코야. 누가 내 코 좀 고쳐 주시오."

나무꾼은 얼른 파랑 부채로 부자의 코를 고쳐 주었어요.
그래서 큰 도움을 받아 부자가 되었지요.

나무꾼은 빨강 부채를 계속 부치면 자기 코가 얼마나 길어질지 궁금해졌어요.
빨강 부채를 계속 부치자 나무꾼의 코가 하늘나라까지 닿았어요.

하느님이 그걸 보고 화가 났어요.
"여봐라, 저 못생긴 물건이 무엇이냐? 기둥에 묶어라!"
하느님이 말했어요.

코가 묶이자 나무꾼은 겁쩍 놀라 파랑 부채를 계속 부쳤어요.

그러자 몸이 하늘 위로 둥둥 떠올랐지요.
"이제 그만 코를 풀어라."
하느님이 말했어요.

선녀들이 코를 풀자 나무꾼은 땅으로 뚝 떨어졌답니다.

*부치면: (부채를) 흔들어 바람을 일으키면.

글의 내용 이해하기

1 이 글의 내용으로 알맞은 것은 무엇입니까? (④)

① 빨강 부채를 부치면 코가 짧아집니다.
② 파랑 부채를 부치면 코가 길어집니다.
③ 나무꾼은 부잣집 잔치에 초대를 받았습니다.
④ 나무꾼은 부자의 코를 고쳐 주고 큰 도움을 받았습니다.
⑤ 하늘나라까지 닿은 나무꾼의 코를 보고 하느님은 상을 주셨습니다.

해설 빨강 부채를 부치면 코가 길어지고, 파랑 부채를 부치면 코가 짧아집니다. 부자는 나무꾼을 빼놓고 잔치를 벌였습니다. 또한 하늘나라까지 닿은 나무꾼의 코를 보고 하느님은 화를 냈습니다.

세부 내용 이해하기

2 나무꾼이 산속에서 주운 것 두 개는 무엇무엇인지 이 글에서 찾아 쓰세요.

빨	강	부	채	와	파	랑	부	채

해설 나무꾼이 산속에서 주운 부채 두 개는 부치면 코가 길어지는 빨강 부채와 부치면 코가 짧아지는 파랑 부채입니다.

세부 내용 이해하기

3 나무꾼이 자기 코에 대고 빨강 부채를 계속 부친 까닭은 무엇입니까? (④)

① 코가 간지러웠기 때문입니다.
② 코가 너무 작았기 때문입니다.
③ 더워서 코에 땀이 났기 때문입니다.
④ 코가 얼마나 길어질지 궁금해졌기 때문입니다.
⑤ 하늘나라로 가서 하느님을 만나고 싶었기 때문입니다.

해설 빨강 부채와 파랑 부채에 신기한 힘이 있음으로 부자가 된 나무꾼이 빨강 부채를 계속 부치면 코가 얼마나 길어질지 궁금해졌기 때문입니다.

올바르게 쓴 글자는 따라 쓰세요.

'부치다'와 '붙이다'는 글자는 다르지만 소리 내어 읽을 때 같은 소리가 납니다. 낱말의 정확한 뜻을 알아보고 따라 써 봅니다.

헷갈리는 말

부치다
'부치다'는 '힘 등이 바람을 일으키다.'라는 뜻입니다.
예) 부채를 부치다.

부	치	다
부	쳐	서
부	쳤	습	니	다

붙이다
'붙이다'는 '물건이 서로 붙게 하다.'라는 뜻입니다.
예) 우표를 붙이다.

붙	이	다
붙	여	서
붙	였	습	니	다

잘못 쓰기 쉬운 말
낱말을 쓸 때 잘못 쓰기 쉬운 낱말이 있습니다. 바르게 쓴 낱말을 잘 보고 따라 써 봅니다.

| 묻파 ✕ | 묻다 ◎ | → | 묻다 | 묻다 | 묻다 |
| 다타 ✕ | 닿다 ◎ | → | 닿다 | 닿다 | 닿다 |

날말 뜻 이해하기

4 ㉠'깊어지는'과 반대의 뜻을 가진 낱말을 이 글에서 찾아 쓰세요.

| 짧 | 아 | 지 | 는 |

해설: '깊다'의 반대말은 '얕다'이고, '깊어지는'의 반대말은 '짧아지는'입니다.

내용 이해하고 추론하기

5 우리를 따뜻하게 해 주는 것과 시원하게 해 주는 것을 보기 에서 찾아 쓰세요.

보기: · 얼음 · 난로 · 숨이불 · 선풍기

(1) 따뜻한

| 숨 | 이 | 불 |
| 난 | 로 |

(2) 시원한

| 선 | 풍 | 기 |
| 얼 | 음 |

해설: 우리를 따뜻하게 해 주는 것에는 난로, 태양, 숨이불, 온기 등이 있고, 우리를 시원하게 해 주는 것에는 에어컨, 냉장고, 얼음, 선풍기, 물놀이, 아이스크림 등이 있습니다.

내용 이해하고 활동하기

6 스티커 두 마리의 코끼리에게 도움을 주려고 합니다. 어떤 부채를 부쳐 주어야 할지 스티커를 찾아 붙여 보세요.

해설: 높은 곳에 있는 나뭇잎을 먹으려는 코끼리에게는 빨강 부채로 코를 길어지게 하고, 돌에 코가 긴 코끼리에게는 파랑 부채로 코를 짧아지게 하여 도와줍니다.

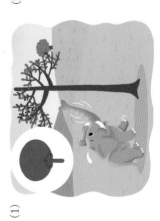

(1)

(2)

세부 내용 이해하기

1 빈칸에 들어갈 알맞은 말을 이 글에서 찾아 쓰세요.

유럽 사람들은 [후] [추] 을/를 좋아했습니다.

해설: 유럽 사람들은 후추를 좋아했습니다. 후추는 음식의 맛을 더 좋게 해 주는 향신료입니다.

세부 내용 이해하기

2 콜럼버스는 배를 타고 어떤 땅을 찾아가려고 했습니까? (⑤)

① 개가 많이 나는 땅
② 파가 많이 나는 땅
③ 고추가 많이 나는 땅
④ 마늘이 많이 나는 땅
⑤ 후추가 많이 나는 땅

해설: 콜럼버스는 후추가 많이 나는 땅을 찾아 떠났습니다.

낱말 뜻 이해하기

3 보기를 보고 배의 수를 세는 단어는 무엇인지 이 글에서 찾아 쓰세요.

보기

사과 두 개 사람 두 명 배 세 [척]

해설: 배를 세는 단위는 '척'입니다. 따라서 '배 세 척'이 맞는 표현입니다.

ERI지수 **200** 사회 | 역사

소리 내어 읽고 스티커를 붙여 보세요.
잘 듣고 따라 읽어 보세요.

콜럼버스가 도착한 땅은 어디일까?

유럽 사람들은 후추를 좋아했어요.

하지만 후추는 너무 비쌌어요.

먼 나라에서 가져와야 했기 때문이에요. (지금의 인도를 말함)

그래서 후추를 가져와 팔고 싶어 하는 사람들이 많았어요. (후추를 가져와 팔고 싶어 하는 사람 중)

후추를 팔면 돈을 많이 벌 수 있었거든요.

콜럼버스도 그중 한 사람이었어요.

"그래! 후추가 많이 나는 땅을 찾아가자!"

콜럼버스는 배를 타고 가기로 했어요.

1492년 8월, 콜럼버스는 세 척의 배를 타고 떠났어요. (배를 세는 단위)

후추가 많이 나는 곳을 찾아간 거예요.

마침내, 콜럼버스는 어느 섬에 도착했어요. (목적한 곳에 다다름)

그런데 그 섬은 후추가 많이 나는 땅이 아니었어요.

그곳은 그동안 유럽 사람들이 모르던 모든 새로운 땅이었지요. (콜럼버스가 도착한 섬)

어휘 살찌우기

'후추'와 같이 음식의 맛을 좋게 하기 위하여 쓰는 양념에는 어떤 것들이 있는지 알아보고 따라 써 봅니다.

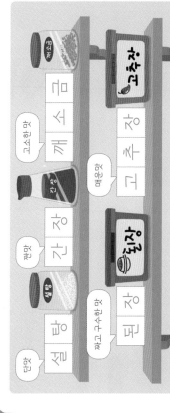

- 고소한 맛: 깨 소 금
- 짠맛: 간 장
- 단맛: 설 탕
- 매운맛: 고 추 장
- 짜고 구수한 맛: 된 장

반대말

반대말을 잘 보고 따라 써 봅니다.

- 학교에 도 착 / 집에서 출 발

- 빵을 사 다 / 사탕을 팔 다

- 사과가 싸 다 / 수박이 비 싸 다

나랑말 뜻 이해하기

4 보기의 낱말 뜻을 보고, 빈칸에 들어갈 알맞은 말을 골라 써 보세요.

> 보기
> • 발명: 세상에 없던 물건을 처음 만들어 내는 것.
> • 발견: 아직 알려지지 않은 것을 찾아내는 것.

콜럼버스는 그동안 유럽 사람들이 모르던 새로운 땅을 [발 견] 한 것입니다.

해설: 이 세상에 없던 새로운 땅을 만들어 낸 것이 아니라, 그동안 알지 못했던 새로운 땅을 찾아낸 것이므로 '발견'이 들어가야 알맞습니다.

내용 이해하고 적용하기

5 유럽에서 후추가 비쌌던 이유를 바르게 말한 친구에 ○표 하세요

(1) 후추를 파는 사람이 너무 많았기 때문이야.

(2) 아주 먼 나라에서 후추를 가져와야 했기 때문이야.

(3) 후추가 많이 나는 곳은 부자들이 다 차지했기 때문이야.

해설: 유럽 사람들은 후추를 좋아했지만 후추는 유럽에서는 나지 않고 먼 나라에서 가져와야 했기 때문에 후추가 비쌌던 것입니다.

내용 이해하고 활동하기

6 콜럼버스는 유럽 사람들이 모르는 새로운 땅에 도착했습니다. 비어 있는 곳에 알맞은 스티커를 붙여 퍼즐을 완성해 보세요.

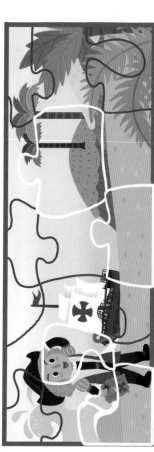

해설: 퍼즐이 모양을 잘 보고 그림에 알맞은 조각을 찾아봅니다.

ERI 지수 **151** 과학 | 자연

소리 내어 읽고
스티커를 붙여 보세요.

손잡이를 꼭 잡으세요!

나는 아빠와 함께 버스를 탔어요. 그리고 버스 뒤쪽 빈자리에 나란히 앉았어요.

버스 안에 어떤 사람은 자리에 앉아 있고, 어떤 사람은 서 있어요.

"버스 손잡이를 꼭 잡으세요."

버스 기사님께서 말씀하셨어요.

버스가 출발하자 나와 아빠의 몸이 뒤로 기울어졌어요.

얼마 후 달리던 버스가 갑자기 멈추었어요. 이번에는 나와 아빠의 몸이 앞으로 기울어졌어요.

서 있던 아저씨가 버스 앞쪽으로 넘어지셨어요.

"죄송합니다. 갑자기 고양이가 버스 앞으로 지나갔어요."

버스 기사님께서 말씀하셨어요.

넘어졌던 아저씨는 손을 탈고 일어나셨어요.

"괜찮습니다. 제가 손잡이를 잡지 않고 있었어요."

"아빠, 왜 앞으로 가던 버스가 갑자기 멈추면 몸이 앞으로 기울어져요?"

나는 아빠께 여쭈어보았어요.

"물체가 움직이다가 갑자기 멈추면 몸에는 움직이던 쪽으로 계속 움직이려고 하기 때문이야. 그리고 우리 몸도 그래."

아빠가 대답해 주셨어요.

"넘어지지 않으려면 손잡이를 꼭 잡아야겠어요."

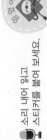

*물체: 어떤 모양을 가지고 있는 물건.

글의 내용 이해하기

1 이 글의 내용으로 알맞지 않은 것은 무엇입니까? (②)

① 나와 아빠는 버스를 탔습니다.
② 나와 아빠는 버스에 나란히 서 있었습니다.
③ 내가 버스에 탔을 때 빈자리가 서 있었습니다.
④ 버스 기사님께서 넘어진 아저씨께 사과하셨습니다.
⑤ 버스 기사님께서 버스 손잡이를 잡으라고 하셨습니다.

해설 나와 아빠는 버스를 탔을 때 빈자리가 있어서 버스 뒤쪽 빈자리에 나란히 앉았습니다.

세부 내용 이해하기

2 버스가 갑자기 멈추었을 때 서 있던 아저씨가 넘어진 까닭은 무엇입니까? (②)

① 아저씨가 버스 맨 뒤쪽에 앉아 있었기 때문입니다.
② 아저씨가 손잡이를 잡지 않고 서 있었기 때문입니다.
③ 아저씨가 자리에 앉으려고 움직이고 있었기 때문입니다.
④ 아저씨가 버스 기사님께 인사를 하고 있었기 때문입니다.
⑤ 아저씨가 휴대폰으로 다른 사람과 통화하고 있었기 때문입니다.

해설 넘어졌던 아저씨는 일어나서서 손잡이를 잡지 않고 있었다고 말했습니다.

전체 내용 구성하기

3 이 글의 내용을 정리한 마인드맵입니다. 빈칸에 들어갈 알맞은 말을 쓰세요.

해설 버스가 출발하면 몸은 뒤로 기울어지는 기울이입니다. 달리던 버스가 갑자기 멈추면 몸체는 움직이던 쪽으로 계속 움직이려고 해서 앞으로 넘어집니다.

출발 — 뒤
멈춤 — 앞

이해의 눈짓~
오리고 쓴 글자는 따라 쓰세요.

뒤에 '히'가 붙는 낱말들을 잘 보고 따라 써 봅니다.

잘못 쓰기 쉬운 말

◎ 나란히	✕ 나란이	→	나란히	나란히
◎ 열심히	✕ 열심이	→	열심히	열심히
◎ 조용히	✕ 조용이	→	조용히	조용히
◎ 천천히	✕ 천천이	→	천천히	천천히
◎ 정확히	✕ 정확이	→	정확히	정확히

재미있는 우리말 익히기

앉으나 서나

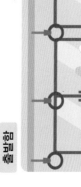

'앉다', '서다'와 관련지어 생활 속에서 자주 쓰이는 말을 읽어보고 따라 써 봅니다.

놀기만 하고 공부를 안 할 때 부모님께 "앉으나 서나 놀 생각만 하니?"라는 말을 들을 들었던 경험이 있나요?
'앉으나 서나'라는 말은 앉아 있든지 서 있든지 상관하지 않고 '언제나 늘, 어떤 상황에서나'라는 뜻으로 쓰이는 말입니다.

| 앉으나 | 서나 |
| 앉으나 | 서나 |

세부 내용 이해하기

4 달리던 버스가 갑자기 멈춘 까닭은 무엇입니까? (④)

① 신호등이 바뀌었기 때문입니다.
② 다른 자가 끼어들었기 때문입니다.
③ 버스 정류장에 다 왔기 때문입니다.
④ 버스 앞으로 고양이가 지나갔기 때문입니다.
⑤ 버스 기사님이 운전을 잘하지 못하기 때문입니다.

해설 버스 앞으로 고양이가 지나가서 버스가 갑자기 멈추었습니다.

세부 내용 이해하기

5 버스 손잡이를 꼭 잡아야 하는 이유로 가장 알맞은 것은 무엇입니까? (⑤)

① 버스 손잡이가 많기 때문입니다.
② 버스 손잡이가 예쁘기 때문입니다.
③ 버스에 앉는 것이 불편하기 때문입니다.
④ 버스 기사님에게 화를 내시기 때문입니다.
⑤ 버스에서 넘어지지 않도록 하기 때문입니다.

해설 버스에서 넘어지지 않으려면 버스 손잡이를 꼭 잡아야 합니다.

내용 이해하고 활동하기

6 버스에서 손잡이를 잡지 않은 동물은 어떻게 될까요? 스티커를 찾아 붙여 보세요.

스티커

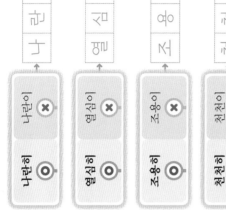

갑자기 멈춤

출발함

ERI 지수 160　예술 | 문화

태권도를 배우고 싶어요

태권도를 배우고 싶어 태권도장에 갔어요. 태권도를 가르치는 선생님께서 친절하게 태권도에 대하여 알려 주셨어요.

"태권도는 주로 손과 발을 사용하여 하는 운동이야. 주먹을 빼고, 발로 차는 동작을 하는 거 본 적 있지? 이렇게 주먹을 지르고, 힘차게 발로 차면서 운동을 해. 이런 운동을 통해 몸과 마음을 바르게 하는 거야."

"주먹을 지르는 게 뭐예요?"

"지르기는 주먹을 쥐고 앞으로 빼는 것을 말해. 겨루기를 할 때 많이 하는 기술이야. 겨루기 본 적 있니?"

"겨루기요? 겨루기는 뭔데요?"

"겨루기는 두 사람이 하는 시합이야. 두 사람이 겨루기를 할 때 지르기를 많이 해. 또 발로 차면서 공격을 하지. 공격할 때는 몸의 앞쪽에만 해야 해. 몸의 뒤쪽을 공격하는 것은 나쁜 행동이야. 얼굴을 공격하기도 하는데, 이때는 주먹을 쓰면 안 돼. 다리를 들어서 발로만 하지."

선생님은 다리를 들어 발로 차는 동작을 해 보여 주셨어요.

선생님이 보여 주시는 동작을 보니 태권도가 참 멋진 운동이라는 생각이 들었어요.

태권도를 열심히 배워서 친구들에게 보여 주고 싶어요!

소리 내어 읽고 스티커를 붙여 보세요.
태권도를 배우고 연습하는 곳
태권한 사람이라고 함

잘 듣고 따라 읽어 보세요.

글의 내용 이해하기

1 이 글의 내용으로 알맞지 않은 것은 무엇입니까? (④)

① 태권도는 주로 손과 발을 사용해서 하는 운동입니다.
② 태권도에서 두 사람이 하는 시합을 겨루기라고 합니다.
③ 태권도에서 겨루기를 할 때는 발로 차면서 공격을 합니다.
④ 태권도에서 겨루기를 할 때는 얼굴을 공격해서는 안 됩니다.
⑤ 태권도에서 겨루기를 할 때는 몸의 앞쪽만 공격을 해야 합니다.

해설 태권도에서 겨루기를 할 때 얼굴을 공격하기도 하는데, 주먹을 쓰면 안 된다고 했습니다.

글의 내용 적용하기

2 다음은 '태권도'라는 운동을 간단히 정리한 것입니다. 빈칸에 들어갈 알맞은 말을 쓰세요.

태권도는 주 먹 을/를 지르고, 발 (으)로 차면서 하는 동작이 많습

니다. 이런 운동을 통해 몸과 마음을 바르게 하는데, 태권도라는 말의 '도'에는 몸과 마음을 갈고 닦는다는 뜻이 담겨 있습니다.

해설 주먹으로 하는 동작은 '지르기'이고, 발로 하는 동작은 '차기'입니다.

글의 내용 적용하기

3 다음은 '태권도'에서 겨루기를 하는 장면입니다. 옳은 행동을 한 사람에 모두 ○표 하세요.

(1)　　　(2)　　　(3)

( )　　　( )　　　( )

해설 태권도 경기에서 상대방의 상대방이 머리를 공격하는 것은 옳지 못한 행동입니다.

흘리게 쓴 글자는 따라 써보세요.

낱말을 쓸 때 잘못 쓰기 쉬운 낱말이 있습니다. 바르게 쓴 낱말을 잘 보고 따라 써 봅니다.

잘못 쓰기 쉬운 말

뺀다 ◎ / 뺐다 ✗	→	뺀 다	뺀 다
겨루기 ◎ / 겨르기 ✗	→	겨 루 기	겨 루 기
안 돼 ◎ / 안 되 ✗	→	안	돼
가르치다 ◎ / 가로치다 ✗	→	가 르 치 다	가 르 치 다

도움말 '가르치다'가 '모르는 것을 알게 하다.'라는 뜻이 있습니다.

어휘 살찌우기

'운동'과 관련 있는 그림 속 낱말을 따라 써 봅니다.

운동장 운동 경기를 할 수 있는 넓은 장소.
운 동 장 / 운 동 장

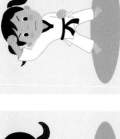

운동화 운동할 때 신는 신발.
운 동 화 / 운 동 화

운동복 운동할 때 입는 옷.
운 동 복 / 운 동 복

낱말 뜻 이해하기

4 '태권도'에서 겨루기를 할 때, 손으로 하는 다음 동작은 무엇인지 이 글에서 찾아 쓰세요.

주먹을 쥐고 앞으로 뻗는 동작.

→ 지 르 기

해설 태권도는 손과 발을 사용하는 운동입니다. 손으로 하는 동작으로 '주먹 지르기'가 있는데, 이는 '주먹을 쥐고 앞으로 뻗는 것'을 포함합니다.

배경지식 활용하여 추론하기

5 다음 글을 읽고 빈칸에 들어갈 내용으로 알맞은 것에 ○표 하세요.

운동 종목은 예전부터 동물을 사냥하거나 나라를 지키기 위해 싸우는 기술에서부터 시작된 것이 많습니다. 옛날에는 지금처럼 도구나 무기가 발달하지 않았기 때문에 사람들은 자신의 몸을 사용한 운동을 하셨습니다. 이 과정에서 태권도처럼 _____ 이 발달한 것입니다.

(1) 손과 발을 이용해 싸우는 기술 (○)

(2) 도구나 무기를 이용하여 싸우는 기술 ( )

해설 옛날에는 무기가 아니라 사람의 몸의 기술을 사용하는 기술이 발달하게 되었습니다. 태권도는 손과 발을 이용한 기술로 겨루는 운동입니다.

내용 이해하고 활동하기

6 스티커 태권도와 관련된 낱말을 따라 쓰고, 그림에 맞는 스티커를 찾아 붙여 보세요.

해설 '격파'는 손이나 발로 나무조각 등을 부수는 동작이고, '발차기'는 다리를 올려 발로 차는 동작, '얼굴 막기'는 팔로 얼굴을 막는 동작입니다.

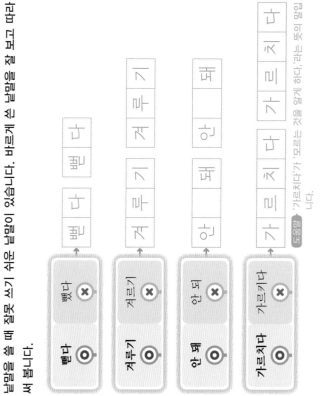

격파 / 발 차 기 / 얼 굴 막 기

통통! 물의 모험

CRI지수 160　STEAM

🔊 소리 내어 읽고 스티커를 붙여 보세요.

안녕? 나는 물이야.

쉬지 않고 모험을 하지. 내가 얼마나 많은 모험을 했는지 들어 볼래?

난 처음엔 구름이었어.

높은 곳에서 아래를 내려다보는 것을 좋아했어.

하늘을 **둥둥** 떠다니며 새로운 친구들도 만났지.
〈둥둥: 공중에 떠 있는 모양〉

친구들과 함께 다니는데 몸이 점점 무거워졌어.

그래서 **후두둑** 비가 되어 아래로 떨어졌어.
〈후두둑: 빗방울이 떨어지는 소리〉

으악! 아찔했어. 하지만 무사히 땅에 도착했지.

땅에서 처음 만난 것은 나뭇가지였어.

대롱대롱 매달려 있다가 달팽이를 만났지. 어찌나 느리던지 너무 답답했어. 달팽이 집에서 **통통** 튀어 풀잎 위로 내려왔지.
〈대롱대롱: 작은 물체가 매달려 있는 모양〉
〈통통: 물방울이 튀어오르는 소리〉

그러다 풀잎 사이로 흐르는 **물줄기**를 따라 작은 연못에 가게 되었어.
〈물줄기: 물이 흘러가는 줄기〉

그곳에서 온 가족이 모여 신나게 노래 부르는 개구리들을 만났지 뭐야.

나를 반겨 주는 노랫소리에 기분이 정말 좋았어.

신이 나서 통통 튀다가 제국으로 가게 되었어.

그런데 물고기랑 놀다가 물고기 입속으로 **쏙** 들어갔지 뭐야.
〈쏙: 안으로 들어가는 모양〉

갑자기 캄캄해져서 엄마나 무서웠는지 몰라.

물고기가 빠끔 하고 입을 벌릴 때 **쏜살같이** 빠져나왔지.
〈쏜살같이: 매우 빠르게〉

'휴! 다행이다.'

글의 내용 이해하기

1 이 글에 나온 '물'에 대한 내용으로 알맞지 <u>않은</u> 것은 무엇입니까? (⑤)

① 쉬지 않고 모험을 했습니다.
② 개구리 가족을 만나서 기분이 좋았습니다.
③ 구름으로 있다가 비가 되어 내려왔습니다.
④ 물고기 입속으로 들어갔을 때 무서웠습니다.
⑤ 땅으로 내려와 달팽이를 처음으로 만났습니다.

해설 비가 되어 떨어지다 땅에서 만난 것은 나뭇가지입니다. 나뭇가지에 매달려 있다가 달팽이를 만났습니다.

세부 내용 이해하기

2 구름이 비가 되어 땅으로 떨어지게 된 까닭으로 알맞은 것은 무엇입니까? (④)

① 기분이 좋아서
② 달팽이랑 놀고 싶어서
③ 하늘에 너무 오래 떠다녀서
④ 물이 많이 모여 몸이 무거워져서
⑤ 물고기 입속에 들어가 보고 싶어서

해설 처음엔 구름이었는데 물이 점점 무거워져서 비가 되어 땅 위로 떨어졌습니다.

글의 내용 적용하기

3 빈칸에 들어갈 알맞은 말을 이 글에서 찾아 쓰세요.

　물 은/는 처음에 구름이었습니다. 그다음은 비 이/가 되어 땅으로 내려왔고 연못과 제국까지 즐기게 되었습니다.

해설 물은 계속 돌고 돕니다. 비가 되어 내린 물은 흐르고 흐르다 다시 수증기가 되어 하늘로 올라가 구름이 됩니다. 그리고 또다시 비가 되어 땅으로 내려옵니다.

어휘가 쑥쑥~ 글자
틀리게 쓴 글자는 따라 써 보세요.

낱말을 쓸 때 잘못 쓰기 쉬운 낱말이 있습니다. 바르게 쓴 낱말을 잘 보고 따라 써 봅니다.

잘못 쓰기 쉬운 말

달팽이 ◉ / 달펭이 ✖ → 달 팽 이

개구리 ◉ / 개구리 ✖ → 개 구 리

대롱대롱 ◉ / 대롱대룽 ✖ → 대 롱 대 롱

도움말 모음자 'ㅐ', 'ㅔ', 'ㅖ'는 비슷한 소리가 나기 때문에 틀리게 쓰기 쉽습니다. 바르게 쓴 낱말을 따라 써 봅니다.

재미있는 속담 익히기

윗물이 맑아야 아랫물이 맑다

윗사람이 잘해야 자연히 아랫사람도 잘한다는 말입니다.
물은 위에서 아래로 흐릅니다. 그래서 윗물이 맑으면 아랫물은 저절로 맑아지고, 윗물이 흐리면 아랫물은 저절로 흐려진다는 것이지요.
사람 사이에서도 윗사람이 잘하면 아랫사람은 자연히 이를 따라서 잘하게 된다는 말입니다.

언니가 정리를 잘하니 동생도 잘하는구나.

속담을 따라 써 봅니다.

윗 물 이 맑 아 야 아 랫 물 이
맑 다

낱말 톡톡 이해하기

4 물방울이 '나뭇가지에 매달려 있는 모양'을 나타내는 낱말을 이 글에서 찾아 쓰세요.

대 롱 대 롱

해설 '대롱대롱'은 물방울처럼 작은 물건이 매달려 흔들거리는 모양을 나타내는 말입니다. '포도가 대롱대롱 매달려 있다.'와 같이 쓰일 수 있습니다.

배경지식 활용하여 추론하기

5 다음 글을 읽고 나서 한 생각으로 알맞은 것에 ○표 하세요.

우리 몸은 약 70%가 물입니다. 평소에 목이 마르지 않더라도 조금씩 자주 물을 마시는 것이 건강에 좋습니다.
사람마다 다르지만 하루에 3~4컵 정도 마시는 것이 좋습니다.
하지만, 벌컥벌컥 급하게 마시는 것은 좋지 않습니다. 또 너무 차갑거나 너무 뜨거운 물을 마시는 것도 좋지 않습니다.

(1) 목이 마를 때마다 차가운 물을 빨리 마셔야 해. ( )
(2) 따뜻하거나 미지근한 물을 천천히 마셔야겠어. (○)

해설 너무 뜨겁거나 차가운 물을 마시지 말라고 했습니다.

내용 이해하고 활동하기

6 다음은 이 글이 '물'이 모험한 순서입니다. 물이 모험한 순서대로 스티커를 찾아 붙여 보세요.

스티커

해설 이 글에는 구름에서 비가 되어 땅으로 떨어진 물이 물고기 입에서 쏙 빠져나오는 과정이 순서대로 나와 있습니다. 과정에 맞는 내용의 스티커를 찾아 붙여 보세요.

ERI 독해가 문해력이다 1단계 기본

4주차 정답과 해설

1회 순서를 지켜요
본문 111~112쪽

1 ③ 2 소아
3 ② 4 줄 / 순서
5 ④ 6

2회 시장이 생겼어요
본문 117~118쪽

1 장소 2 (○) ( ) ( )
3 시장 4 값
5  조 개 겹 질 / 쌀
6

3회 누구를 닮았을까?
본문 123~124쪽

1 ④ 2 ○ 一 ×
3
4 귀
5

	○	
닦았다	닮았다	닳았다

6 친할머니 / 외할아버지

4회 동물을 향해 낸 줄이 있어요
본문 129~130쪽

1 (1)-ㄹ (2)-ㄱ (3)-ㄷ (4)-ㄴ 2 (2) ○ (3) ○
3 ③ 4 ① 5 ②
6 (1) 고양이
(2) 예) 두 발로 얼굴을 비빕니다.
(3) 예) 고양이처럼 손으로 얼굴을 비비면서 춤을 춥니다.

5회 나무 덕분이에요
본문 135~136쪽

1 ④ 2 ③ 3 산소 → 숨 4 나무 5 ② ✕
6 잎 / 줄기 / 뿌리

소리 내어 읽고
스티커를 붙여 보세요.

순서를 지켜요

놀이공원에 갔는데 사람들이 정말 많았어요. 놀이 기구마다 순서를 기다리는 사람들이 길게 줄을 서 있었어요. 마치 어느 놀이 기구 앞에 줄이 더 긴지 시합을 하는 것 같아요.

줄을 서서 기다리는 건 힘들었지만 우리는 정말 즐거웠어요. 우리 순서가 되어 신나게 범퍼카를 타고 회전목마도 탔어요. 다음에는 배를 타러 갔어요.

*범퍼카 놀 수 있도록 만든 작은 전기 자동차

거기로 순서를 기다리는 줄이 엄청 길었어요. 우리 순서는 20번째였어요.

*[주 말이] 말에 태워 빙글빙글 돌리는 놀이기구

엄마 아빠가 줄을 서 있는 동안 동생과 나는 뛰어다니며 놀았어요. 그러자 엄마가 멀리 가면 위험하니까 같이 줄을 서 있어야 한다고 했어요.

그런데 우리 앞 줄에서 싸움이 났어요. 어떤 사람이 새치기를 했대요. 서로 큰 소리를 내며 무서운 얼굴로 싸웠어요. 큰일이 날 것 같아 무서웠어요.

그런데 이상한 것은 새치기를 한 사람은 자기 잘못을 모르는 걸까요? 미안하다고 하면서 될 텐데 같이 소리를 지르고 있었어요. 앞쪽에서 줄을 서 있던 어린아이가 무서웠는지 앙앙 울었어요. 잠시 후, 직원 아저씨들이 달려왔어요.

*직원 놀이공원에서 일하는 사람

새치기를 당한 사람은 너무 수상했을 거예요. 즐겁게 놀려고 왔다가 싸움을 했으니까요. 사람들이 많이 모이는 곳에서는 순서를 잘 지켜야겠어요.

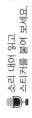

글의 내용 이해하기

1 이 글의 내용으로 알맞지 않은 것은 무엇입니까? (③)
① 새치기를 한 사람이 있어서 큰 싸움이 났습니다.
② 놀이공원에는 사람들이 줄을 길게 서 있었습니다.
③ 가는 곳마다 줄을 서야 해서 줄을 길게 서지 않았습니다.
④ 싸움이 나자 앞쪽에 서 있던 어린아이가 앙앙 울었습니다.
⑤ 엄마 아빠가 줄을 서 있는 동안 나는 동생과 뛰어놀았습니다.

해설 가는 곳마다 줄을 서야 해서 힘들었겠지만 우리 순서가 되어 신나게 놀아서 즐거웠다고 하였습니다.

세부 내용 이해하기

2 이 글의 내용을 정확하게 이해하지 못한 친구는 누구인지 이름을 쓰세요.

은실: 새치기를 당한 사람은 수상할 거야.
보인: 새치기를 하면 싸움이 날 수도 있어.
소아: 순서를 기다리는 동안에는 멀리 떨어진 곳에서 놀면 돼.
아현: 사람들이 많이 모이는 곳에서는 자기 순서를 지켜야 해.

(소아)

해설 이 글은 사람들이 많이 모이는 곳에서는 자기 순서를 지켜야 한다고 말하고 있습니다. 줄을 서 있는 곳에서 멀리 가면 위험하니까 엄마 이해랑 같이 있어야 합니다.

세부 내용 이해하기

3 줄을 서 있던 사람들 사이에서 싸움이 일어난 까닭은 무엇입니까? (②)
① 어린아이가 울어서
② 순서를 지키지 않아서
③ 직원 아저씨들이 와서
④ 사람들이 너무 떠들어서
⑤ 즐겁게 노래하며 줄을 서지 않아서

해설 자기 순서를 지키지 않고 새치기를 하는 사람 때문에 싸움이 났습니다.

이해야 놀자~

흐리게 쓴 글자는 따라 쓰세요.

어휘 살찌우기

'나는 호랑이가 무섭다.'와 '나는 호랑이가 무서워.'를 보면 같은 뜻인데 '무섭다'와 '무서워'로 쓰였습니다. 낱말을 잘 보고 따라 써 봅니다.

무 섭 다 – 무 서 워 – 무 서 워 요

즐 겁 다 – 즐 거 워 – 즐 거 워 요

부 럽 다 – 부 러 워 – 부 러 워 요

그 립 다 – 그 리 워 – 그 리 워 요

재미있는 속담 익히기

방귀 뀐 놈이 성낸다

자기가 방귀를 뀌고 미안하다고 사과하기는커녕 오히려 냄새 난다고 성*을 낸다는 뜻입니다. 잘못을 저지른 쪽에서 오히려 아무 잘못 없는 남에게 화를 내는 것을 나쁘게 보고 하는 말이에요.

*성: 화를 낸다는 말.

속담을 따라 써 봅니다.

방 귀 뀐 놈 이 성 낸 다

낱말 뜻 이해하기

4. 다음 글을 읽고, 빈칸에 들어갈 알맞은 말에 ○표 하세요.

놀이공원에 가면 놀이 기구를 타기 위해 길게 늘어선 (줄, 순서)을/를 볼 수 있습니다.

많아서 줄을 서지 않는다면 누가 차례인지 알 수가 없을 것입니다.

즐겁게 놀이 기구를 타기 위해서는 우리 모두 (줄, 순서)을/를 지키는 것이 중요합니다.

해설: 놀이 기구를 타기 위해 사람들은 줄을 서서 기다립니다. 차례를 지켜 자기 순서가 되었을 때 놀이 기구를 타야 합니다.

배경지식 활용하여 추론하기

5. 다음 중 줄을 서서 순서를 기다리지 않아도 되는 경우는 무엇입니까? (④)

① 극장에서 표를 살 때
② 휴게소의 공중화장실에 갈 때
③ 해수욕장에서 샤워장에 들어갈 때
④ 학교에 가기 위해 집 현관을 나설 때
⑤ 학교 도서관에서 도서 대출을 하려고 할 때

해설: 줄을 서야 하는 것은 여러 사람이 함께 시설을 이용하는 곳입니다. 집 현관은 우리 가족만의 공간이므로 굳이 줄을 서야 할 필요는 없습니다.

내용 이해하고 활동하기

6. 내가 좋아하는 놀이 기구 앞에 있어 봤습니다. 그림에서 내가 가서 서야 할 자리는 어디인지 스티커에서 찾아 붙여 보세요.

해설: 그림에 한 줄로 서서 순서를 기다리고 있습니다. '나'는 맨 뒤로 가서 서야 합니다.

시장이 생겨났어요

소리 내어 읽고
스티커를 붙여 보세요.

참 들고 따라 읽어요 / 읽었어요

옛날에는 시장이 없었어요. 갖고 싶은 물건이 있으면 자기가 가진 물건과 바꾸어야 했어요. 하지만 필요한 물건을 가진 사람을 만나기가 힘들었어요.

그래서 사람들은 장소와 날짜를 정하고 만나서 물건을 바꾸기 시작했어요.

"물고기를 가지고 왔어요. 나는 맛있는 감자를 먹고 싶어요!"
"나는 싱싱한 물고기가 먹고 싶어요. 내 감자와 바꿉시다."

사람들은 한 장소에 모여서 서로 필요한 물건을 바꾸게 되었어요. 이렇게 해서 시장이 생기게 된 거예요.

그런데 문제가 생겼어요. 물건의 값에 대한 생각이 서로 달라서 나누는 일이 생겼어요.

"물고기 다섯 마리 줄 테니 감자 열 개를 주세요."
"안 돼요. 물고기 일곱 마리 주면 감자 열 개를 줄게요."

그래서 다음에는 물건값으로 그만큼의 조개껍질이나 쌀 등을 주고받았어요. 조개껍질이나 쌀이 오늘날의 돈처럼 사용된 것이지요. 그래서 사람들은 시장에서 좀 더 편하게 필요한 물건을 얻을 수 있게 되었어요.

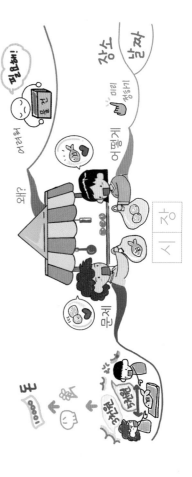

세부 내용 이해하기

1 빈칸에 들어갈 알맞은 말을 이 글에서 찾아 쓰세요.

옛날에는 필요한 물건을 가진 사람을 만나기가 힘들었습니다. 그래서 사람들은 **장 소**와/과 날짜를 정해서 서로 만나 물건을 바꾸었습니다.

해설 사람들은 장소와 날짜를 정하고 직접 만나서 물건을 바꾸기 시작했습니다.

세부 내용 이해하기

2 시장이 생기게 된 이유를 바르게 말한 친구는 누구인지 ○표 하세요.

 사람들이 한 장소에 모여서 서로 필요한 물건을 바꾸고 싶어 하면서 시장이 생겼어. (○)

 사람들이 한번에 많은 물건을 사고 싶어 하면서 시장이 생긴 거야. ( )

해설 정해진 장소와 날짜에 모여서 서로 필요한 것을 바꾸려고 하다 시장이 생겼습니다.

전체 내용 구성하기

3 이 글의 내용을 정리한 마인드맵입니다. 빈칸에 들어갈 알맞은 말을 쓰세요.

시 장

해설 시장이 생기면서 사람들은 서로 필요한 물건을 바꿀 수 있었습니다. 하지만 물건값에 대한 생각이 서로 달라 다툼이 생기자 조개껍질이나 쌀을 돈처럼 사용하였습니다.

어휘야 놀자~

흐리게 쓴 글자는 따라 쓰세요.

낱말을 쓸 때 잘못 쓰기 쉬운 낱말이 있습니다. 바르게 쓴 낱말을 잘 보고 따라 써 봅니다.

잘못 쓰기 쉬운 말

⊙	✗	→
날짜	날자	날 짜
물건값	물건갑	물 건 값
바꾸다	바끄다	바 꾸 다
조개껍질	조개껍찔	조 개 껍 질

어휘 살찌우기

우리 생활 주변에서 물건을 사고파는 시장과 비슷한 일을 하는 곳은 어디인지 알아보고 따라 써 봅니다.

도움말: '슈퍼마켓'을 줄여서 '슈퍼'라고도 합니다.

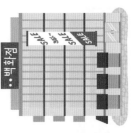

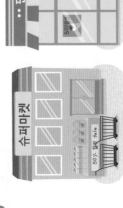

슈 퍼 마 켓

편 의 점

백 화 점

세부 내용 이해하기

4 시장이 생긴 후에도 사람들은 왜 다투었는지 빈칸에 들어갈 알맞은 말을 쓰세요.

물건의 [값] 에 대한 사람들의 생각이 서로 달랐기 때문입니다.

해설: 사람들은 물건의 값에 대한 생각이 달라서 다투는 일이 생겼습니다.

내용 이해하고 활동하기

5 스티커 옛날에 돈처럼 쓰였다고 한 것은 무엇인지 이 글에서 찾아 쓰고, 스티커에서 그림을 찾아 붙여 보세요.

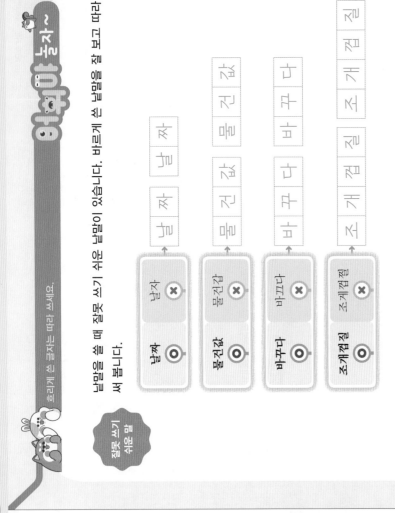

조 개 껍 질

쌀

해설: 돈이 만들어지기 전에는 조개껍질이나 쌀을 오늘날의 돈처럼 사용하였습니다.

내용 이해하고 활동하기

6 스티커 시장에서 빵을 두 개 샀습니다. 빵값만큼의 돈을 스티커에서 찾아 붙여 보세요.

소리 내어 읽고
스티커를 붙여 보세요.

누구를 닮았을까?

우리 친할아버지는 키가 커요. 우리 아빠도 키가 커요.
_{아빠의 아버지}
우리 아빠 키는 친할아버지를 닮았어요.

우리 외할아버지는 구불구불 곱슬머리예요.
_{엄마의 아버지}
우리 엄마도 구불구불 곱슬머리예요.
이러로 자르로 구부러지는 모양
우리 엄마 곱슬머리는 외할아버지를 닮았어요.

우리 아빠는 키가 커요. 나도 키가 커요.
나는 우리 아빠 키를 닮았어요.

우리 엄마는 구불구불 곱슬머리예요.
나도 구불구불 곱슬머리예요.
[곱슬머리라고 소리 납니다. '곱슬머리는' 잘못 쓴 말입니다]
나는 우리 엄마 곱슬머리를 닮았대요.

내 친구 아빠는 눈동자가 파란색이래요.
내 친구도 눈동자가 파란색이에요.
내 친구는 아빠 눈을 닮았대요.

우리 집 어미 고양이는 검은 고양이예요.
_{새끼를 낳은 동물 / 털 색깔이 검은색인 고양이}
우리 집 새끼 고양이도 검은 고양이예요.
새끼 고양이는 어미 고양이를 닮았어요.

우리는 모두 우리의 아빠, 엄마를 닮았어요.

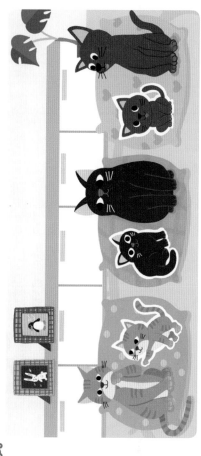

글의 내용 이해하기

1 이 글의 내용으로 알맞지 않은 것은 무엇입니까? (④)

① 우리 아빠는 키가 큽니다.
② 우리 엄마는 곱슬머리입니다.
③ 나는 아빠, 엄마를 닮았습니다.
④ 내 친구는 검은색 눈동자를 가졌습니다.
⑤ 내 키는 친할아버지와 아빠 키를 닮았습니다.

해설 내 친구는 친구의 아빠를 닮아 파란색 눈동자를 가졌다고 했습니다.

세부 내용 이해하기

2 다음의 '나'의 특징은 누구를 닮았을까요? 같은 특징을 가진 사람끼리 줄(─)로 이으세요.

(1) 나의 큰 귀 ─── 아빠 ─── 외할아버지

(2) 나의 곱슬머리 ─── 엄마 ─── 친할아버지

해설 나의 큰 귀는 친할아버지를 닮은 이빠를 닮았다고 했고, 나의 곱슬머리는 외할아버지를 닮은 엄마를 닮았다고 했습니다.

내용 이해하고 활동하기

스티커

3 어미 고양이를 닮은 새끼 고양이를 스티커에서 찾아 붙여 보세요.

해설 어미 고양이의 색과 모양을 잘 보고 알맞은 새끼 고양이를 찾아봅니다.

아해야 놀자~

들리게 쓴 글자는 따라 쓰세요.

비슷하지만 받침에 따라 뜻이 전혀 다른 낱말들이 있습니다. 받침에 주의하면서 바른 글자를 따라 써 봅니다.

어휘 살펴보기

닦다 — 윤기를 내거나 깨끗하게 하다.

닦 다	닦 다	닦 다

[닥따]로 소리 납니다.

닮다 — 무엇과 비슷한 모양이나 성질을 지니다.

닮 다	닮 다	닮 다

[담따]로 소리 납니다.

닳다 — 오래 써서 어느 부분이 조금씩 없어지다.

닳 다	닳 다	닳 다

[달타]로 소리 납니다.

재미있는 속담 익히기

고슴도치도 제 새끼는 예뻐한다

'고슴도치도 제 새끼는 함함하다고 한다'라고도 이야기해요. '함함하다'라는 말은 털이 보드랍고 윤기가 흐른다는 뜻이에요. 이상하지요? 고슴도치는 등에 바늘처럼 단단하고 뾰족한 털이 나 있는 동물인데 말이지요.

그러니까 '고슴도치도 제 새끼는 예뻐한다'라는 속담은 부모님이 자기 자식의 나쁜 점은 모르고 도리어 자랑으로 삼는다는 뜻이에요.

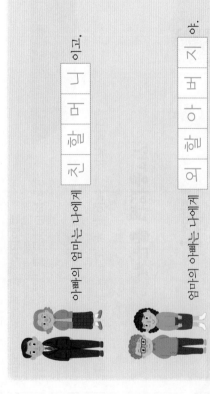

우리 고슴도치는 털이 부드러워.

속담을 따라 써 봅니다.

고	슴	도	치	도	제	새	끼	는
예	뻐	한	다					

낱말 뜻 이해하기

4. 빈칸에 들어갈 알맞은 낱말을 쓰세요.

밖에서 시끄러운 소리가 나요.
나는 시끄러운 소리를 듣지 않으려고 두 손으로 [귀] 를 막았어요.

해설 귀는 소리를 듣는 기관입니다.

낱말 뜻 이해하기

5. 빈칸에 공통으로 들어갈 알맞은 낱말에 ○표 하세요.

• 우리 아빠는 우리 친할아버지를 ___ .
• 나는 우리 아빠를 ___ .

닦았다	
닮았다	○
닳았다	

해설 사람이나 사물이 비슷한 모양이나 성질을 가졌을 때 '닮았다'라고 합니다. 'ㄹ' 받침에 주의합니다. '닦다'는 '에서처럼 '윤기를 내거나 깨끗하게 하다'라는 뜻으로 쓰입니다. '닳다'는 '연필을 오래 써서 다 닳았다.'에서처럼 오래 써서 어느 부분이 조금씩 없어질 때 쓰는 말입니다.

배경지식 활용하여 추론하기

해설 '나'에게 이 아빠의 부모님은 친할아버지, 친할머니이십니다. 그리고 '나'에게 엄마의 부모님은 외할아버지, 외할머니이십니다.

6. 빈칸에 들어갈 알맞은 낱말을 쓰세요.

아빠의 엄마는 나에게 | 친 | 할 | 머 | 니 | 이고,

엄마의 아빠는 나에게 | 외 | 할 | 아 | 버 | 지 | 야.

소리 내어 읽고 스티커를 붙여 보세요.

잘 듣고 따라 읽어 보세요.

동물을 흉내 낸 춤이 있어요

할머니께 보여 드리려고 재미있는 춤이 없나 찾아보았어요.

그러다가 동물 춤이란 게 있다는 걸 알았어요.

동물 춤은 동물의 행동이나 모습을 흉내 낸 춤이래요.

동물 춤에는 오리춤, 개구리춤, 거북춤 등이 있대요.

오리춤은 뒤뚱뒤뚱 걷는 오리를 흉내 냈어요. ㉠입 모양을 오리처럼 꾸미고 뒤뚱거리며 추는 춤이에요.

개구리춤은 개구리처럼 팔짝팔짝 뛰면서 추는 춤이에요. 개구리는 비를 좋아하지요? 그래서 이 춤을 추면서 비가 잘 내리기를 빌었대요.

비가 내려야 곡식이 잘 자라기 때문이지요.
곡식: 벼, 보리, 콩, 옥수수 따위를 통틀어 이르는 말

거북춤은 거북 모양을 만들고 그 안에 사람이 들어가서 추는 춤이에요.

거북이처럼 느릿느릿 추지요.

새를 흉내 낸 새춤도 있어요. 새가 고개를 까딱까딱하면서 날갯짓 하는 모습을 흉내 냈어요. 새처럼 아름답고 부드러운 춤이에요.

참 재미있는 춤이 맞지요?

할머니 앞에서는 오리춤을 찾아요. 할머니께서도 재미있다며 재미있다며 따라 추셨어요.

글의 내용 이해하기

1 이 글에서 설명하는 동물 춤의 특징을 찾아 줄(—)로 이으세요.

(1) 오리춤
(2) 개구리춤
(3) 거북춤
(4) 새춤

㉠ 팔짝팔짝 뛰는 모양을 흉내 낸 춤
㉡ 고개를 까딱이며 날갯짓 하는 동작을 흉내 낸 춤
㉢ 느릿느릿 걸으며 추는 춤
㉣ 뒤뚱거리는 걸음을 흉내 낸 춤

> 해설 동물 춤에는 동물이 행동이나 모습이 담겨 있습니다.

세부 내용 이해하기

2 이 글의 내용과 맞는 것에 모두 ○표 하세요.

(1) 동물 춤은 사납고 무서운 동물을 흉내 낸 춤입니다. ( )
(2) 동물 춤은 동물이 하는 행동이나 모습을 흉내 낸 춤입니다. (○)
(3) 거북춤은 거북 모양을 만들고 그 안에 사람이 들어가서 주는 춤입니다. (○)

> 해설 동물 춤은 우리 주변에서 볼 수 있는 오리, 개구리, 거북 등을 흉내 낸 춤이 대부분입니다.

세부 내용 이해하기

3 '㉠ 입 모양을 오리처럼 꾸미고'는 어떻게 하는 것입니까? (③)

① 입을 꼭 다물고
② 입을 크게 벌리고
③ 입술을 앞으로 쭉 내밀고
④ 이가 나란히 보이게 하고
⑤ 입을 옆으로 뿔어지게 하고

> 해설 오리의 입은 앞으로 쭉 나와 있는 모양입니다. 이를 바르게 흉내 낸 모양을 찾아야 합니다.

어휘 늘자~

소리에 쓴 글자는 따라 써 보세요.

옛날부터 전해 오는 우리나라 춤에는 무엇이 있는지 읽어보고 따라 써 봅니다.

어휘 살짝우기

'부채춤'은 부채를 들고 추는 춤입니다.

부	채	춤

'장구춤'은 장구를 메고 치면서 추는 춤입니다.

장	구	춤

'소고춤'은 손에 소고를 들고 치면서 추는 춤입니다.

소	고	춤

재미있는 속담 익히기

개구리 올챙이 적 생각 못 한다

개구리는 알에서 올챙이가 태어나고 올챙이가 점점 자라 올챙이 꼬리가 없어지면서 다른 모습의 개구리가 되는 거예요. 그런 개구리가 자기는 마치 처음부터 개구리였던 것처럼 행동하는 것은 잘못 아니겠어요? 그래서 자신의 못나고 어려웠던 시절을 기억하지 못하고 함부로 행동하는 경우에 쓰는 속담이에요.

속담을 따라 써 봅니다.

개	구	리		올	챙	이		적		생	각
못		한	다								

세부 내용 이해하기

4 다음은 동물의 움직임이나 모양을 춤으로 표현한 것입니다. 어떤 동물을 흉내 낸 것입니까? (①)

① 새
② 사자
③ 거북
④ 오리
⑤ 원숭이

해설 새춤을 추는 모습입니다. 새 중에서 학을 흉내 낸 모습입니다.

배경지식 활용하여 추론하기

5 다음에서 설명하는 동물 춤은 어떤 동물을 흉내 낸 것입니까? (②)

동물 모양의 큰 탈을 쓰고 춤을 춥니다. 머리 쪽에 한 사람, 뒤쪽에 한 사람이 들어가 동물을 흉내 내며 춤을 춥니다. 몸을 흔들기도 하고, 높이 솟기도 합니다. 그리고 꼬리를 흔들며 몸을 굵거나 뒹굴기도 합니다.

① 토끼 ② 사자 ③ 코끼리 ④ 원숭이 ⑤ 개구리

해설 사자탈을 쓰고 등장하여 사자의 동작을 흉내 내는 춤입니다.

내용 이해하고 활동하기

6 자신이 좋아하는 동물을 보고 동물 춤을 만들고 춤을 춰 보세요.

(1) 자신이 좋아하는 동물은 무엇인지 쓰세요.
예 고양이

(2) 자신이 좋아하는 동물의 움직임이나 생김새는 어떤 특징이 있는지 쓰세요.
예 두 발로 얼굴을 비빕니다.

(3) 자신이 좋아하는 동물의 행동을 흉내 낸 춤을 어떻게 추는지 쓰세요.
예 고양이처럼 손으로 얼굴을 비비면서 춤을 춥니다.

해설 자신이 좋아하는 동물을 쓰고 특징을 흉내 낸 춤을 춰 봅니다.

소리 내어 읽고
스티커를 붙여 보세요.

나무 덕분이에요

공부할 때는 책상과 의자가 필요해요. 잠을 잘 때는 침대가 필요해요. 화장실에서는 화장지가 필요하고요. 우리가 ㉠이런 물건들을 만들 때 꼭 필요한 것이 있어요. 바로 나무예요. 이 책도 나무로 만들어졌어요. 종이는 나무로 만들거든요. 사과, 배, 복숭아, 포도, 바나나 등 우리가 좋아하는 과일들도 나무에서 얻지요. 초콜릿도요.

나무가 우리에게 꼭 필요한 이유는 또 있어요. 나무는 뿌리를 땅속 깊이 뻗어서 흙을 단단하게 붙잡아 줘요. 그래서 홍수가 나거나 가뭄이 들어도 땅이 무너지지 않게 도와주지요. 우리가 안전하게 살 수 있게 도와주는 거예요.

무엇보다 중요한 것은 나무는 공기 속으로 산소를 내보내 주는 일을 해요. 우리가 숨을 쉴 수 있게 해 준다는 것이지요. 나무는 물을 빨아들이고 햇빛을 받으면서 쑥쑥 자란답니다. 그때 우리에게 필요한 산소를 내보내 주는 거예요. 그래서 숲에 가면 상쾌한 기운이 들고 머리가 맑아지는 것이지요.

이렇게 많은 것을 주는 나무 덕분에 우리는 행복하게 살아갈 수 있습니다.

* 산소: 사람과 동물이 숨을 쉬기 위해 꼭 필요한 기체.
- 은혜나 도움을 받음

글의 내용 이해하기

1 이 글의 내용으로 알맞지 않은 것은 무엇입니까? (④)

① 나무는 햇빛을 받으면서 자랍니다.
② 나무에서 초콜릿도 얻을 수 있습니다.
③ 나무는 우리가 숨을 쉴 수 있게 산소를 내뿜어 줍니다.
④ 나무로는 책상, 침대 같은 큰 가구만 만들 수 있습니다.
⑤ 나무의 뿌리는 홍수에도 많이 무너지지 않게 해 줍니다.

해설 나무로 연필, 종이, 일회용컵, 젓가락과 같은 작은 물건들도 만듭니다.

글의 내용 적용하기

2 이 글을 읽고 나서 든 생각으로 알맞은 것은 무엇입니까? (③)

① 홍수가 날 때만 나무가 필요하구나.
② 나무는 열매를 맺지 않으면 쓸모가 없구나.
③ 우리는 나무의 도움으로 행복하게 살아갈 수 있구나.
④ 나무가 물을 많이 빨아들여서 우리가 마시는 물이 부족한 거였구나.
⑤ 달리기를 할 때 숨이 찬 것은 나무가 산소를 내보내 주지 않았기 때문이구나.

해설 우리는 나무 덕분에 숨을 쉬고 필요한 음식과 물건을 얻을 수 있습니다. 또 나무는 장마와 홍수를 막아 줍니다. 그래서 우리는 안전하고 행복한 생활을 할 수 있습니다.

새로운 내용 이해하기

3 빈칸에 들어갈 알맞은 말을 이 글에서 찾아 쓰세요.

해설 우리가 숨을 쉬는 데 필요한 것은 산소입니다. 나무가 공기 중으로 산소를 내보내 주어서 우리가 숨을 쉴 수 있습니다.

나무가 공기 속으로 [산소] 을/를 내보내 줍니다.

→

그래서 우리가 [숨] 을/를 쉴 수 있는 겁니다.

이해야 놀자~

흐리게 쓴 글자는 따라 쓰세요.

어휘 살찌우기

'좋아하는'에서처럼 'ㅎ' 받침이 들어 있는 낱말이 있어요. 받침자에 주의하며 따라 써 봅니다.

좋다

| 기 | 분 | 이 | | 좋 | 다 | . |
| 날 | 씨 | 가 | | 좋 | 다 | . |

낳다

| 알 | 을 | | 낳 | 다 | . |
| 새 | 끼 | 를 | | 낳 | 다 | . |

쌓다

| 담 | 을 | | 쌓 | 다 | . |
| 블 | 록 | 을 | | 쌓 | 다 | . |

재미있는 속담 익히기

원숭이도 나무에서 떨어진다

오빠, 어딨어?

아이코!

'원숭이도 나무에서 떨어진다'라는 속담은 원숭이가 나무를 못 타거나 아니라 실수로 나무에서 떨어진다는 말이에요. 아무리 익숙하게 잘하는 일이라도 실수할 때가 있다는 말이지요.

그러니 실수에 대해서 나무 속상해 할 필요가 없다는 뜻입니다.

속담을 따라 써 봅니다.

| 원 | 숭 | 이 | 도 | | 나 | 무 | 에 | 서 | | 떨 | 어 | 진 | 다 |

세부 내용 이해하기

4 ㉠에서 말하는 물건들을 만들 때 꼭 필요한 것은 무엇인지 이 글에서 찾아 쓰세요.

나 무

해설 책상, 의자, 침대 등 우리에게 필요한 물건들을 만들 때 꼭 필요한 것은 나무라고 했습니다.

낱말 뜻 이해하기

5 서로 관련 있는 것끼리 줄(—)로 이으세요.

(1) 홍수 ─ 오랫동안 비가 오지 않는 날씨.

(2) 가뭄 ─ 비가 많이 와서 강이나 개울의 물이 갑자기 많아지는 것.

해설 비가 너무 많이 와서 물이 넘치는 것이 '홍수'이고, 비가 너무 오지 않아서 메마른 날씨가 '가뭄'입니다.

배경지식 활용하여 추론하기

6 빈칸에 들어갈 알맞은 말을 쓰세요.

잎 은/는 햇빛을 받아들여 영양분을 만듭니다.

줄기 은/는 뿌리와 잎을 연결합니다.

뿌리 은/는 나무가 쓰러지지 않게 합니다.

해설 나무는 뿌리, 줄기, 잎으로 이루어져 있습니다.

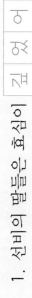

1단계 기본 1주차 받아쓰기 정답

글자 완성하기
틀려주는 낱말을 잘 듣고 글자를 완성해 보세요.

1. 옛날
2. 새벽
3. 부엌
4. 놀이
5. 고개
6. 계단
7. 풀잎
8. 바깥
9. 햇빛
10. 무지개

낱말 받아쓰기
틀려주는 낱말을 잘 듣고 받아쓰세요.

1. 끝
2. 식탁
3. 하품
4. 궁궐
5. 국식
6. 여섯
7. 바느질
8. 심었어요
9. 잇읔솔
10. 나들이

문장 완성하기
틀려주는 문장을 잘 듣고 빈칸에 들어갈 말을 받아쓰세요.

1. 선비의 말들은 효심이 깊었어요.
2. 부자는 바지가 짧아져 있을 거라고 생각했어요.
3. 아빠, 엄마가 키여워하는 사람이요.
4. 세 아이 모두 얼굴을 찌푸리며 말했어요.
5. 더 멀리 날아가면 무엇이 있을까요?
6. 반짝반짝 빛나는 별들이 있어요.
7. 풀피리는 나뭇잎으로 만들어요.
8. 소리가 나지 않는다고 슬퍼하지 마세요.
9. 야외에서 산책하는 사람들이 많아요.
10. 눈 오는 날에는 장갑을 끼고 털모자를 써요.

1단계 기본 2주차 받아쓰기 정답

받아쓰기 정답

문장 완성하기

들려주는 문장을 잘 듣고 빈칸에 들어갈 말을 받아쓰세요.

1. 괜찮아. 그럴 수 있어.

2. 화가 나면 마음속으로 수를 세 보세요.

3. 이순신은 장군 놀이를 좋아했어요.

4. 노인은 고개를 끄덕이며 돌아서서 갔어요.

5. 감이 주황색으로 변한 거예요.

6. 맛있는 감이 바닥으로 떨어지지요.

7. 여러분은 이런 그림을 본 적이 있나요?

8. 호랑이가 귀신을 좋아 넌다고 생각했어요.

9. 너는 똥이 더럽지 않니?

10. 나를 보고 웃으면 기분이 좋아.

글자 완성하기

들려주는 낱말을 잘 듣고 글자를 완성해 보세요.

1. 배 2. 그림
3. 동네 4. 방귀
5. 새해 6. 씨앗
7. 하루 8. 후회
9. 꼭대기 10. 안마당

낱말 받아쓰기

들려주는 낱말을 잘 듣고 받아쓰세요.

1. 감정 2. 까치
3. 미화 4. 벼기
5. 영웅 6. 미술관
7. 전쟁터 8. 할머니
9. 화장실 10. 호롱이

글자 완성하기

들려주는 낱말을 잘 듣고 글자를 완성해 보세요.

1. 계곡
2. 부채
3. 나란히
4. 나무꾼
5. 달팽이
6. 마침내
7. 새로운
8. 손잡이
9. 열심히
10. 태권도

낱말 받아쓰기

들려주는 낱말을 잘 듣고 받아쓰세요.

1. 심
2. 공격
3. 기둥
4. 도착
5. 마을
6. 모형
7. 연못
8. 주머
9. 출발
10. 빈자리

문장 완성하기

들려주는 문장을 잘 듣고 빈칸에 들어갈 말을 받아쓰세요.

1. 여봐라, 저 못 생긴 물건이 무엇이냐?
2. 그러자 몸이 하늘 위로 둥둥 떠올랐지요.
3. 하지만 후추는 너무 비쌌어요.
4. 돈을 많이 벌 수 있었어요.
5. 나는 아빠와 함께 버스를 탔어요.
6. 아저씨가 버스 앞쪽으로 넘어지셨어요.
7. 겨루기는 두 사람이 하는 시합이야.
8. 선생님께서 친절하게 알려 주셨어요.
9. 난 처음에 구름이었어.
10. 땅에서 처음 만난 것은 나뭇가지였어.

받아쓰기 정답

1단계 기본 4주차

글자 완성하기
들려주는 낱말을 잘 듣고 글자를 완성해 보세요.

1. 흥
2. 문제
3. 의자
4. 개구리
5. 날갯짓
6. 물건값
7. 새치기
8. 즐겁게
9. 곱슬머리
10. 외할아버지

낱말 받아쓰기
들려주는 낱말을 잘 듣고 받아쓰세요.

1. 줄
2. 춤
3. 거북
4. 날짜
5. 순서
6. 시장
7. 책상
8. 친구
9. 침대
10. 눈동자

문장 완성하기
들려주는 문장을 잘 듣고 빈칸에 들어갈 말을 받아쓰세요.

1. 놀이공원에 사람들이 정말 많았어요.
2. 동생과 나는 뛰어다니며 놀았어요.
3. 물고기를 굽거나 감자를 주세요.
4. 조개껍질이나 쌀이 돌처럼 사용되었어요.
5. 우리 아빠 키는 친할아버지를 닮았어요.
6. 우리 집 새끼 고양이도 검은 고양이예요.
7. 동물 춤은 동물을 흉내 낸 춤이래요.
8. 새처럼 아름답고 부드러운 춤이에요.
9. 나무는 햇빛을 받으면서 쑥쑥 자라요.
10. 숲에 가면 상쾌한 기분이 들어요.